AF670632

VEGAN
Everyday

Bianca Zapatka

VEGAN Everyday

100 einfache Rezepte,
die immer schmecken!

VENTIL

Unverträglichkeiten und glutenfreie Alternativen: Die Rezepte in diesem Buch sind alle laktosefrei. Außerdem sind viele Rezepte von vornherein glutenfrei und/oder frei von raffiniertem Zucker. Entsprechende Informationen stehen bei den Nährwertangaben. Durch kleine Anpassungen lassen sich andere Rezepte ebenfalls ohne Gluten zubereiten. Glutenfreie Alternativen werden jeweils in der Zutatenliste aufgeführt und ggf. in den Tipps erläutert.

Nährwertangaben: Die Angabe der Nährwerte erfolgt ohne die optionalen Zutaten beziehungsweise Zutaten, die »nach Belieben« (zum Garnieren/Servieren) hinzugefügt werden können.

Bezeichnungen von veganen Ersatzprodukten: Für vegane Ersatzprodukte wurden in diesem Buch leicht verständliche und möglichst einheitliche Bezeichnungen ausgewählt, die sich an den tierischen »Originalprodukten« orientieren, beispielsweise »pflanzliche Sahne«, »Sojaquark«, »veganer Joghurt« oder »Pflanzenmilch«. Die Hersteller müssen den Produkten andere Namen geben, da die Begriffe »Sahne«, »Quark«, »Joghurt« oder »Milch« rechtlich geschützt sind und nur Produkte tierischen Ursprungs mit diesen Begriffen vermarktet werden dürfen. Im Handel findet man die veganen Ersatzprodukte etwa unter folgenden Namen:

- Pflanzliche Sahne: wird zum Beispiel »Soja-Cuisine«, »Hafer-Cuisine« oder »Kokos-Cuisine« genannt.
- Sojaquark Natur (z. B. »Skyr-Style«): ist unter anderem geläufig als »pflanzliche Quarkalternative«, »Quarkalternative aus Soja« oder »vegane Alternative zu Quark«.
- Veganer Joghurt: findet man beispielsweise unter den Bezeichnungen »vegane Joghurtalternative«, »pflanzliche Joghurtalternative« oder einfach nur unter dem Markennamen mit der Ergänzung »Vegan« oder »Pflanzlich«.
- Pflanzenmilch: nennt sich meist »Pflanzlicher Drink«, etwa »Soja-Drink«, »Mandel-Drink« oder »Kokos-Drink«.
- Vegane Butter: Es gibt diverse Bezeichnungen, darunter »Butter-Alternative«, »Veganes Streichfett« oder »100 % Pflanzlich«.

ISBN 978-3-95575-198-2
3. Auflage 2025
Rezeptfotografien: Bianca Zapatka
Porträtfotografien: Sascha Koglin
Lektorat: Uschi Herzer, Benedikt Zopes und Frederik Beinvogl
Gestaltung und Satz: Oliver Schmitt
Druck und Bindung: Hunter Books

Ventil Verlag, Boppstr. 25, D-55118 Mainz, www.ventil-verlag.de

Frühstück

Granola	14
Frühstückspizza	17
Kaiserschmarrn	18
Overnight Oats	21
Cremiger Haferbrei	22
Hirse-Porridge	25
Bananen-Muffins	26
Mini-Bananen-Pancakes	29
Ofen-Pfannkuchen	30
Schoko-Bananen-Müsliriegel	33
American Pancakes	34
Rührtofu	37
Frühstücks-Burritos	38
Kürbis-Brötchen	41
Apfelbrot	45
Zucchini-Brot	46
Mini-Gemüse-Frittata-Muffins	49
Kichererbsen-Pfannkuchen	50

Salate & Dips

Linsensalat	56
Klassischer Nudelsalat	59
Mediterraner Nudelsalat	60
Green Goddess Bowl	63
Green Goddess Dressing	64
Krautsalat – wie beim Griechen	67
Türkisches Fladenbrot – Ramazan Pidesi	68
Paprika-Cashew-Dip	71
Kräuter-Dip	72
Knoblauchsauce	72
Kürbis-Hummus	75
Saté-Sauce (Erdnusssauce)	76
Pico de Gallo (mexikanische Salsa)	79
Nacho-Käse-Dip (Queso-Sauce)	80
Ketchup selber machen	83
Schnelle Burger-Sauce	83
Mayo selber machen	84
Remoulade	84
Minz-Joghurt-Sauce	87

Beilagen, Fingerfood, Suppen

Nudelspieße 92
Pizzaschnecken 95
Knusprige Ofenkartoffeln 96
Pommes selber machen 99
Arancini (frittierte Reisbällchen) 100
Tomatenreis – wie beim Griechen 103
Gebratene Champignons 104
Grünkern-Bratlinge 107
Rote-Linsen-Bratlinge 108
Brokkoli-Käse-Nuggets 111
Quinoa-Bratlinge 112
Bohnenbällchen – Bean Balls 115
Käse-Lauch-Suppe 116
Mamas Kürbissuppe 119
Chili Cheese Fries 120
Goldene Linsensuppe 123
Chana Masala 124

Hauptgerichte – Pasta, Curry & Co.

Kürbis-Linsen-Curry 130
Erdnuss-Curry 133
Knuspriger Tofu Asia-Style auf Reis 134
Cremige Knoblauch-Pasta 137
Pasta mit Süßkartoffel-Sauce 138
Tomaten-Pesto mit Spaghetti 141
Tahini-Pasta mit Kichererbsen 142
Tandoori-Blumenkohl-Bowl 145
Linsenburger 147
Tempeh-Reisnudel-Bowl 151
Blumenkohl-Pizza 152
Kartoffel-Hack-Auflauf 155
Fisch-Frikadellen 156
Schlemmerfilet mit Kartoffelpüree und Rahmspinat 159
Knusprige Reispapier-Dumplings 161
Risotto 165
Omas Bauerntopf 166
Zwiebelkuchen 169

Kuchen & Muffins

Versunkener Apfelkuchen 176
Stracciatella-Kirsch-Kuchen 179
Pflaumenkuchen 180
Himbeer-Cheesecake-Torte ohne Backen 183
Apfel-Schoko-Kuchen 185
Obstkuchen mit Pudding 189
Blaubeer-Streusel-Muffins 190
Joghurt-Beeren-Muffins 193
Kokoskuchen 194
Blaue Limetten-Tarte ohne Backen 197
Himbeer-Rhabarber-Streuselkuchen 198
Blaubeerkuchen 201
Nuss-Sahne-Torte 205
Kiwi-Cheesecake-Torte ohne Backen 207

Süßes & Desserts

Carrot Cake Bliss Balls 214
Kuchenpralinen 217
Brookies 218
Berliner 221
Himbeer-Tartelettes 223
Zitronencreme-Dessert 227
Peanut-Schoko-Eisriegel 228
Mango-Chia-Pudding 231
Omas Streusel-Pflaumen 232
Brombeer-Mousse 235
Schoko-Pudding-Kuchen 236
Karamell-Keks-Riegel 239
Tiramisu 240
Apfelstrudel 243

Infos & Tipps 246
Die vegane Ernährungspyramide 247
Saisonkalender 248
Zutatenregister 250
Bianca Zapatka 253

Vegane Gerichte für jeden Tag

Viele Menschen entscheiden sich für eine vegane Ernährung, weil sie gesünder leben, keine Tierprodukte konsumieren oder ihre eigene Klimabilanz verbessern wollen. Wie bei so vielen guten Vorsätzen fällt das aber im hektischen Alltag oft gar nicht so leicht! Gerade wenn die Zeit knapp ist und der Magen knurrt, fallen daher viele in gewohnte Muster zurück und greifen zum leicht verfügbaren nicht-veganen Fertigprodukt.

Das muss aber nicht sein. Es ist ganz einfach, sich auch im Alltag schnell, gesund, erschwinglich und absolut lecker vegan zu ernähren! Man muss nur wissen wie. Mit den richtigen Rezepten kann man in Windeseile vegane Gerichte zaubern, die nicht nur gesünder sind als herkömmliche Gerichte mit tierischen Produkten, sondern mindestens genauso lecker! In diesem Buch habe ich eine Vielzahl an köstlichen Gerichten zusammengestellt, mit denen eine vielfältige, gesunde und leckere Ernährung jeden Tag um einiges leichter wird.

Vom Frühstück über das Mittagessen bis zum Abendessen, von Snack und Dessert hin zur Stärkung für unterwegs, hier gibt es für jede Tageszeit und jeden Anlass das passende Rezept. Mal süß und mal herzhaft, mal knusprig und mal cremig, und dabei immer lecker und gesund. Hierbei lasse ich mich unter anderem von der mediterranen, asiatischen, mexikanischen, amerikanischen und europäischen Küche inspirieren – Vielfalt ist Programm und so ist für wirklichen jeden Geschmack das Richtige dabei! Ich gebe zusätzlich hilfreiche Tipps, wie sich die Rezepte abwandeln und den eigenen Bedürfnissen gemäß anpassen lassen. Die Möglichkeiten sind endlos! So finden auch vegane Kochprofis in diesem Buch neue Anregungen und Möglichkeiten, einem altbekannten Gericht einen aufregenden Spin zu verpassen.

Sich jeden Tag gesund und vegan zu ernähren, wird mit diesen Rezepten zum Kinderspiel. So kann man die Vorteile der veganen Ernährung genießen, aber ohne geschmacklich zurückstecken zu müssen – ganz im Gegenteil! Bei so leckeren Gerichten kann man es kaum erwarten, den neuen Tag zu beginnen.
Vegan Everyday eben.

Deine Bianca

Frühstück

Granola 14
Frühstückspizza 17
Kaiserschmarrn 18
Overnight Oats 21
Cremiger Haferbrei 22
Hirse-Porridge 25
Bananen-Muffins 26
Mini-Bananen-Pancakes 29
Ofen-Pfannkuchen 30
Schoko-Bananen-Müsliriegel 33
American Pancakes 34
Rührtofu 37
Frühstücks-Burritos 38
Kürbis-Brötchen 41
Apfelbrot 45
Zucchini-Brot 46
Mini-Gemüse-Frittata-Muffins 49
Kichererbsen-Pfannkuchen 50

Granola

Zubereitung: 10 Minuten
+ 20–25 Minuten Backzeit

Zutaten für 1 Glas

100 g Nüsse (z. B. Mandeln, Haselnüsse, Walnüsse, Cashews)
250 g Haferflocken, zart oder kernig oder gemischt (oder andere Getreideflocken, bei Bedarf glutenfrei)
100 g Kerne (z. B. Sonnenblumen- und Kürbiskerne, oder mehr Nüsse)
50 g Kokosraspel (oder Kokoschips oder andere Nüsse/Kerne/Saaten)
1 TL gemahlene Vanille (oder 2 TL Vanilleextrakt)
1 TL Zimt (oder andere Gewürze nach Wahl, z. B. Vanille)
1 Prise Salz
75 g Kokosöl
80 g Ahornsirup (oder anderer Sirup)

Nährwerte pro Glas: 3284 kcal, Fett 224 g, KH 230 g, EW 87 g. Frei von raffiniertem Zucker, optional glutenfrei.

1. Den Backofen auf 180 °C Ober-/Unterhitze vorheizen und ein großes Backblech mit Backpapier auslegen.
2. Die **Nüsse** in einer Küchenmaschine oder mit einem scharfen Messer grob hacken und in eine Schüssel geben. **Haferflocken, Kerne, Kokosraspeln, Vanille, Zimt** und **Salz** hinzufügen und alles vermischen.
3. **Kokosöl** entweder in der Mikrowelle oder in einem kleinen Topf auf dem Herd schmelzen. Dann gemeinsam mit dem **Ahornsirup** zu den trockenen Zutaten geben und alles gut vermengen.
4. Das Granola auf dem vorbereiteten Backblech verteilen und 20–25 Minuten backen, bis es goldbraun ist (zwischendurch auch mal durchmischen).
5. Anschließend abkühlen lassen, danach in Gläser füllen, luftdicht verschließen und bis zu 1 Monat (oder sogar länger) bei Raumtemperatur aufbewahren.
6. Mit pflanzlichem Joghurt und Früchten genießen oder als Knusper-Topping für Pancakes, Waffeln, Grießbrei und mehr verwenden!

- Da das Rezept so vielseitig ist, lassen sich beliebige Getreideflocken, Nüsse, Kerne und Saaten verwenden. Oder sogar noch weitere Zutaten hinzufügen, wie gepuffte Quinoa, Amaranth-Pops, Reis-Crispies, Cornflakes, Trockenfrüchte, geriebene Karotten, vegane Schokolade, oder was auch immer man gerne im Müsli mag!
- Leinsamen, Chiasamen, Trockenfrüchte oder Schokostückchen erst nach dem Backen untermischen.

VEGAN FOOD LOVE

VEGAN
BIANCA
ZAPATKA

Frühstückspizza

Zubereitung: 10 Minuten
+ 15–20 Minuten Backzeit

Zutaten für 1 Pizza

1 reife Banane
80 g Haferflocken (oder andere Getreideflocken, bei Bedarf glutenfrei)
1 EL Ahornsirup (oder nach Geschmack)
½ Päckchen Backpulver
1 TL Zimt (und/oder etwas Vanille)

Toppings

Veganer Joghurt (Sorte nach Wunsch)
Obst (z. B. Banane, Beeren, Physalis)
Kokosraspel (oder gehackte Nüsse, Granola oder Schokoraspel)

Nährwerte: 563 kcal,
Fett 6 g, KH 115 g, EW 13 g.
Frei von raffiniertem Zucker,
optional glutenfrei.

1. Den Backofen auf 180 °C Ober-/Unterhitze vorheizen und ein Backblech mit Backpapier auslegen.
2. Die **Banane** mit einer Gabel zerdrücken und dann mit den **Haferflocken,** dem **Ahornsirup,** dem **Backpulver** und dem **Zimt** vermengen. Die Hafer-Bananen-Masse auf das vorbereitete Blech geben und zu einer runden ca. 19–20 cm großen Pizza formen.
3. Die Pizza im vorgeheizten Ofen etwa 15–20 Minuten backen.
4. Im Anschluss die Frühstückspizza abkühlen lassen. Dann mit **Joghurt** bestreichen und mit den gewünschten **Früchten** und anderen **Toppings** belegen.

Guten Appetit!

Tipps

♥ Statt der reifen Banane kann man auch Apfelmark, Mangomark oder vegane Skyr-Alternative nehmen. Je nach Geschmack noch zusätzliche Süße hinzufügen. Wer Apfelmus oder Joghurt nimmt, einfach ein bisschen mehr Haferflocken hinzufügen, damit die Konsistenz stimmt.

♥ Die Frühstückspizza am besten sofort nach dem Belegen verzehren, da der Haferboden durch den Joghurt und das Obst mit der Zeit weicher wird.

♥ Wer die Obstpizza als Dessert servieren möchte, kann sie auch mit einer leckeren Dessertcreme, Vanille- oder Schoko-Pudding oder Sahne bestreichen. Statt frischem Obst kann man auch Kompott, eine Fruchtsauce oder Schokosauce nehmen.

Kaiserschmarrn

Vorbereitung: 5 Minuten
Zubereitung: 10 Minuten

Zutaten für 4 Portionen

250 g Weizen- oder Dinkelmehl (oder glutenfreie Mehlmischung)
2 TL Backpulver
1 Msp. gemahlene Vanille (oder 1 TL Vanilleextrakt)
1 TL Natron
1 Prise Salz
50 g Zucker (z. B. Rohrohrzucker oder Kokosblütenzucker oder beides gemischt)
360 ml Pflanzenmilch (z. B. Soja-, Mandel-, Hafer-, Reis-, Cashew- oder Kokosdrink)
40 ml neutrales Öl (z. B. Raps- oder Sonnenblumenöl + etwas mehr zum Ausbacken)
1 TL Apfelessig (oder 2 TL Zitronensaft)

Nach Belieben zum Servieren

Vanille-Pudding
Erdbeersauce (pürierte Erdbeeren)
Erdbeeren
Granatapfelkerne
Streusel (oder Puderzucker)

Nährwerte pro Portion: 409 kcal, Fett 13 g, KH 62 g, EW 11 g. Frei von raffiniertem Zucker, optional glutenfrei.

1. **Mehl, Backpulver** und **Vanille** in eine Schüssel sieben. Dann **Natron, Salz** und **Zucker** untermischen. Die **flüssigen Zutaten** dazugeben und alles kurz zu einem homogenen Teig verrühren.
2. Etwas **Öl** in einer Pfanne erhitzen. Die halbe Menge Teig in die Pfanne gießen und bei mittlerer Hitze ausbacken, bis die Unterseite leicht gebräunt ist und fest wird (bei Bedarf kann man kurz einen Deckel auf die Pfanne setzen, damit der Teig besser stocken kann).
3. Dann den Pfannkuchen mit einem Pfannenwender vierteln, die Stücke vorsichtig umdrehen und die andere Seite ebenfalls goldbraun ausbacken.
4. Die Teigviertel anschließend mit dem Pfannenwender in grobe Stücke teilen und wiederholt vorsichtig wenden, bis der Kaiserschmarrn fertig ist (wer ihn süßer mag, kann etwas **Zucker** darüberstreuen und kurz karamellisieren lassen). Anschließend aus der Pfanne nehmen und den restlichen Teig auf dieselbe Weise zubereiten.
5. Den Kaiserschmarrn nach Belieben mit **Erdbeeren, Vanillepudding** und **Erdbeersauce** oder anderen Toppings (z. B. **Garanatapfelkernen** oder **Streuseln)** servieren.

- ❤ Wer mag, kann zuletzt noch Rosinen oder Schoko-Drops unter den Teig heben.
- ❤ Wenn man kein Natron und Essig oder Zitronensaft hat, lassen sich 100 ml Pflanzenmilch durch Sprudelwasser austauschen. Das macht den Teig auch wunderbar locker.
- ❤ Man kann auch 100 ml Pflanzenmilch durch 1 pürierte reife Banane oder 120 g Apfelmark, Kürbispüree oder veganen Joghurt austauschen, damit der Kaiserschmarrn noch saftiger wird.
- ❤ Der Kaiserschmarrn schmeckt auch gut mit Zwetschgenröster, karamellisierten Mandeln, Apfelmus, Himbeersauce oder roter Grütze.

Overnight Oats

Zubereitung: 5 Minuten
+ Kühlzeit über Nacht

Zutaten für 2 Portionen

100 g zarte Haferflocken (oder andere Getreideflocken, bei Bedarf glutenfrei)
300 ml Pflanzenmilch (z. B. Mandel-, Hafer-, Soja-, Reis-, Cashew- oder Kokosmilch)
1 EL Lein- oder Chiasamen (optional)
2 TL Agavendicksaft (oder anderes Süßungsmittel)

Toppings

Erdbeersauce (oder Apfelmus, Kompott)
Obst (z. B. Erdbeeren und Johannisbeeren)
2–3 EL Granola (S. 14, oder andere knusprige Toppings, siehe Tipps)

Nährwerte pro Portion: 267 kcal, Fett 7 g, KH 42 g, EW 8 g. Frei von raffiniertem Zucker, optional glutenfrei.

1. **Haferflocken** und **Pflanzenmilch** in ein verschließbares Gefäß geben und gut vermischen. Nach Wunsch noch **Chiasamen** und **Agavendicksaft** (oder andere Zutaten) unterrühren, das Gefäß gut verschließen und über Nacht in den Kühlschrank stellen.
2. Am nächsten Morgen die Overnight-Oats nochmal gut umrühren und nach Belieben mit **Erdbeersauce,** frischem **Obst, Granola** oder anderen Toppings anrichten.

Tipps

- **Flavor:** Wer mag, kann noch Aromen und Gewürze wie Vanille, Zimt oder Chai-Latte hinzufügen.
- **Schoko-Oats:** 1–2 EL Kakaopulver und optional eine pürierte Banane hinzufügen. Nach Belieben mit Erdnussmus und gehackter veganer Schokolade garnieren.
- **Cremige Oats:** 100 ml Pflanzenmilch durch 100 g veganen Joghurt ersetzen.
- **Fruchtige Oats:** Beliebiges Obst, Trockenfrüchte, Fruchtpürees, Kompott oder Superfoodpulver untermischen.
- **Nussige Oats:** 1–2 EL Nussmus unterrühren oder gehackte Nüsse, Kerne oder Samen hinzufügen.
- **Gemüse-Oats:** Wenn es mal kalorienarm sein soll, eignen sich geraspelte Zucchini, Karotten oder auch Blumenkohl im Haferbrei.

Cremiger Haferbrei

Zubereitung: 10 Minuten

Zutaten für 2 Portionen

500 ml Pflanzenmilch (z. B. Mandel-, Hafer-, Soja-, Reis-, Cashew- oder Kokosdrink)
100 g zarte Haferflocken (oder andere Getreideflocken, bei Bedarf glutenfrei)
1 EL Agavendicksaft (oder Ahornsirup, Dattelsirup oder Zucker nach Geschmack)
1 TL Vanilleextrakt oder 1 Msp. gemahlene Bourbon-Vanille (optional)
1 TL Zimt (optional)

Toppings

Obst nach Belieben (z. B. Banane, Erdbeeren, Himbeeren, Granatapfelkerne)
1–2 EL Nussmus (z. B. Erdnuss-, Cashew-, Mandelmus)
2 EL gehackte Nüsse, Kerne, Saaten, Kokosraspel, Trockenfrüchte, vegane Schokolade, Granola (S. 14), gepuffte Quinoa oder Amaranth etc. nach Wunsch

Nährwerte pro Portion: 281 kcal, Fett 6 g, KH 45 g, EW 8 g. Frei von raffiniertem Zucker, optional glutenfrei.

1. Die **Pflanzenmilch** in einem Topf aufkochen und vom Herd ziehen. Dann die **Haferflocken** einrühren, den Topf zurück auf den Herd stellen und unter Rühren nochmals 2–3 Minuten aufkochen, bis es eindickt und cremig wird.
2. Den Herd ausschalten und nach Belieben **Agavendicksaft** sowie etwas **Vanille** und **Zimt** unterrühren. Dann einen Deckel auf den Topf setzen und den Haferbrei ca. 3–5 Minuten quellen lassen, bis er die gewünschte Konsistenz erreicht hat.
3. Anschließend in eine Schüssel füllen und mit beliebigen **Toppings** garnieren.

Guten Appetit!

- Anstelle des Ahornsirups kann man auch eine zerdrückte Banane oder einen geriebenen Apfel zum Haferbrei dazugeben.
- Für einen proteinreicheren Brei kann man Proteinpulver (ich verwende Vanille) in etwas Wasser auflösen und nach dem Kochen in den Brei geben.
- Für eine schnellere Version einfach alle Zutaten in ein mikrowellengeeignetes Gefäß geben und bei 600 Watt für ca. 2 Minuten erhitzen. Den Haferbrei im Anschluss durchrühren und noch 1 Minute ziehen lassen. Dann wie gewohnt mit Toppings nach Wahl garnieren.

BIANCA
ZAPATKA

ZAPATKA
BIANCA

Hirse-Porridge

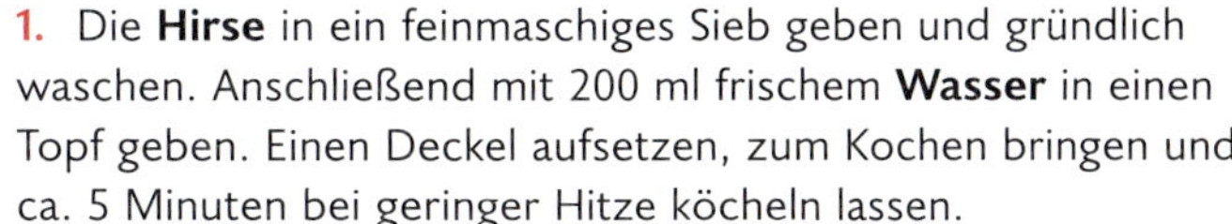

Zubereitung: 25 Minuten

Zutaten für 2 Portionen
150 g Hirse, feinkörnig
200 ml Wasser
200 ml Pflanzenmilch (z. B. Mandel-, Hafer-, Cashew-, Kokos- oder Sojamilch)
1½ EL Ahornsirup (oder nach Geschmack)
2 TL Zimt (oder nach Geschmack)
1–2 Äpfel
1 Banane
1 EL Kokosöl

Toppings
30 g Mandeln
Mandarine
Granatapfelkerne
Cranberrys

Nährwerte pro Portion: 568 kcal, Fett 19 g, KH 87 g, EW 12 g. Frei von raffiniertem Zucker, glutenfrei.

1. Die **Hirse** in ein feinmaschiges Sieb geben und gründlich waschen. Anschließend mit 200 ml frischem **Wasser** in einen Topf geben. Einen Deckel aufsetzen, zum Kochen bringen und ca. 5 Minuten bei geringer Hitze köcheln lassen.
2. Sobald die Hirse das Wasser komplett aufgesaugt hat, die **Pflanzenmilch** unterrühren und weitere 5 Minuten köcheln lassen. Zum Schluss 1 EL **Ahornsirup** und 1 TL **Zimt** unterrühren.
3. Während die Hirse kocht, die Toppings vorbereiten. **Mandelkerne** grob hacken und in einer Pfanne ohne Öl goldbraun rösten. Herausnehmen und beiseitestellen.
4. Die **Äpfel** entkernen und in Stücke schneiden. Die **Banane** schälen und in Scheiben schneiden. Nun das **Kokosöl** in derselben Pfanne auf niedriger bis mittlerer Stufe erhitzen und die Apfelstücke darin etwa 3–4 Minuten anbraten. Dann die Bananenscheiben hinzufügen und kurz mitbraten. ½ EL Ahornsirup und 1 TL Zimt darübergeben und vorsichtig unterrühren.
5. Das Hirse-Porridge auf zwei Schüsseln verteilen und mit den angebratenen Zimt-Äpfeln und Zimt-Bananenscheiben servieren. Die gerösteten Mandeln darüberstreuen und das Porridge nach Belieben mit frischen **Mandarinenspalten, Granatapfelkernen** und **Cranberrys** garnieren.

Tipps

- Feinkörnige Hirse hat eine kürzere Garzeit als grobkörnige Hirse. Daher bitte immer die Packungsanweisung des Produkts überprüfen.
- Anstelle der Äpfel kann man auch Birnen, Pflaumen oder anderes saisonales Obst nehmen. Auch sommerliche Früchte wie Mango oder Beeren sind ein tolles Topping!
- Wer mag, kann auch Trockenfrüchte wie Rosinen, gehackte Datteln, Aprikosen oder Feigen hinzufügen.
- Statt Ahornsirup eigenen sich auch andere Süßungsmittel wie Agavendicksaft, Reissirup, Kokosblütenzucker oder anderer Zucker oder Sirup.
- Wer keine Mandeln hat, kann sie natürlich auch durch andere Nüsse wie Walnüsse, Cashews oder Haselnüsse ersetzen. Wer keine Nüsse essen darf, kann Kürbis- oder Sonnenblumenkerne, Hanfsamen, Sesam oder andere Kerne oder Samen nehmen.
- Statt Zimt kann man auch auf andere Gewürze und Aromen wie Vanille, Tonkabohne, Kardamom etc. zurückgreifen oder zusätzlich ergänzen.
- Restliche gekochte Hirse nach dem Abkühlen in einen verschlossenen Behälter oder ein verschließbares Glas füllen und wie anderes Porridge oder Oatmeal im Kühlschrank aufbewahren. Am nächsten Morgen dann einfach kurz mit etwas Pflanzenmilch im Kochtopf aufwärmen.

Bananen-Muffins

Vorbereitung: 5 Minuten
Zubereitung: 10 Minuten
+ 20–25 Minuten Backzeit

Zutaten für 12er-Muffinblech

160 g Weizen- oder Dinkelmehl (oder glutenfreie Mehlmischung)
60 g zarte (glutenfreie) Haferflocken (oder mehr Mehl)
2 TL Backpulver
½ TL Zimt
1 Prise Salz
3 reife Bananen (ca. 300 g)
80 ml Pflanzenmilch
80 g Nussmus (z. B. Mandel-, Erdnuss-, Cashew- oder Haselnussmus)
50 g Ahornsirup
1½ TL Apfelessig
80 g vegane Schoko-Drops (optional mehr zum Bestreuen, oder gehackte Nüsse)

Nährwerte pro Muffin: 180 kcal, Fett 7 g, KH 24 g, EW 4 g. Frei von raffiniertem Zucker, optional glutenfrei.

1. Den Backofen auf 180 °C Ober-/Unterhitze vorheizen und das Muffinblech mit Papierförmchen auskleiden.
2. **Mehl, Haferflocken, Backpulver, Zimt** und **Salz** in einer Schüssel vermischen (sollte das Mehl klumpig sein, kann man es vorher durch ein feines Sieb sieben, damit die Muffins fluffiger werden).
3. Die **Bananen** auf einem Teller zerdrücken und in die Mehlmischung geben. **Pflanzenmilch, Nussmus, Ahornsirup** und **Apfelessig** ebenfalls hinzugeben und alles kurz zu einem Teig verrühren. Zuletzt noch die **Schoko-Drops** unterheben.
4. Den Teig gleichmäßig auf die Muffinförmchen verteilen. Nach Belieben noch ein paar mehr Schoko-Drops über den Teig streuen und die Muffins ca. 20–25 Minuten backen (bzw. so lange, bis ein in die Mitte eines Muffins eingestochener Zahnstocher wieder sauber herauskommt).
5. Anschließend 10 Minuten in der Form abkühlen lassen. Dann herausnehmen und auf einem Kuchengitter zu Ende abkühlen lassen.

Tipps

♥ **Glutenfrei:** Das Mehl und die Haferflocken lassen sich 1:1 durch eine glutenfreie Mehlmischung sowie glutenfreie Haferflocken ersetzen.

♥ **Nussfrei:** Statt Nussmus kann man auch Sonnenblumenöl, Avocadoöl, Rapsöl oder flüssiges Kokosöl oder geschmolzene vegane Margarine nehmen.

♥ **Schoko-Bananen-Muffins:** Für eine Schoko-Version einfach 3 EL Mehl durch Kakaopulver austauschen.

♥ **Aufbewahrung:** Die Muffins halten sich in einem luftdichten Behälter bei Raumtemperatur ca. 3 Tage und im Kühlschrank bis zu 5 Tage. Vor dem Verzehr kurz in der Mikrowelle erhitzen, dann werden sie wieder schön weich und fluffig. Sie lassen sich aber auch bis zu drei Monate einfrieren, dafür einfach in einen gefriergeeigneten Behälter oder Gefrierbeutel geben und die einzelnen Muffins durch ein Stück Backpapier abtrennen.

Mini-Bananen-Pancakes

Vorbereitung: 5 Minuten
Zubereitung: 10 Minuten

Zutaten für 4 Portionen

2 Bananen
120 g Weizen- oder Dinkelmehl (oder glutenfreie Mehlmischung)
1 TL Backpulver
1 TL Zimt (oder etwas gemahlene Vanille nach Geschmack)
1 Prise Salz
160 ml Pflanzenmilch (z. B. Soja-, Mandel-, Hafer- oder Cashewmilch)
2 TL Zitronensaft (oder 1 TL Apfelessig)
Öl zum Braten

Toppings

Erdbeeren
Johannisbeeren
Kokosraspel
Schokopudding

Nährwerte pro Portion: 210 kcal, Fett 5 g, KH 38 g, EW 6 g. Frei von raffiniertem Zucker, optional glutenfrei.

1. Die **Bananen** schälen und in ca. ½ bis 1 cm dicke Scheiben schneiden.
2. **Mehl, Backpulver, Zimt, Salz, Pflanzenmilch** und **Zitronensaft** in eine Rührschüssel geben und mit dem Schneebesen zu einem homogenen Teig vermengen.
3. Etwas **Öl** in einer großen Pfanne auf mittlerer Stufe erhitzen. Die Bananenscheiben mit zwei Gabeln oder einer Zange nacheinander in den Teig tunken und sofort in die Pfanne geben.
4. Die Bananen-Mini-Pancakes bei mittlerer Hitze kurz ausbacken, bis sie von beiden Seiten goldbraun sind.
5. Mit beliebigen Toppings wie **Erdbeeren, Johannisbeeren, Kokosraspeln** und **Schokopudding** servieren und genießen!

Tipps

- Am besten eine große beschichtete Pfanne verwenden und die Pfannkuchen mit genügend Abstand zueinander braten, damit sie knusprig werden und nicht zusammenkleben.
- Die Pfannkuchen erst wenden, wenn die Unterseite goldbraun ist und sie sich leicht vom Pfannenboden lösen lassen. Wenn der Teig nämlich noch nicht ganz durch ist, lassen sie sich nicht leicht wenden und können matschig werden.
- Bei Bedarf zwischendurch mehr Öl hinzufügen. Nach dem Braten die Pfannkuchen auf ein Küchentuch legen, das das überschüssige Öl aufsaugt.
- Die fertig gebratenen Pancakes können im Backofen warm gehalten werden, während man nach und nach die restlichen brät.

Ofen-Pfannkuchen

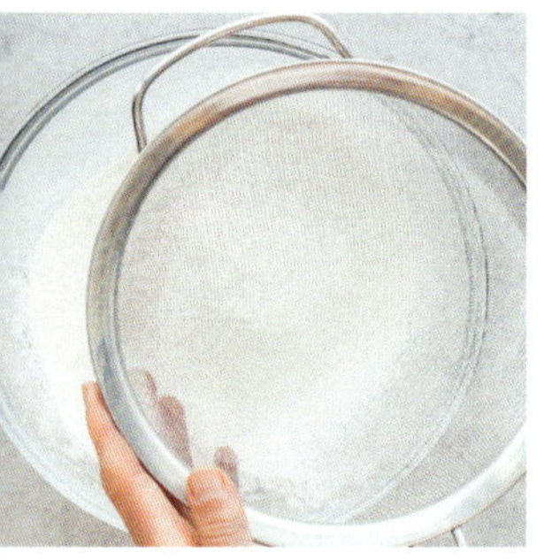

Vorbereitung: 5 Minuten
Zubereitung: 5 Minuten
+ 30–35 Minuten Backzeit
Gusseiserne Pfanne (Ø 24 cm)
oder 2 kleine Pfannen

Zutaten für 4 Portionen

240 g Weizen- oder Dinkelmehl (oder glutenfreie Mehlmischung)
2 TL Backpulver
½ TL Natron (oder 1 TL mehr Backpulver)
1 Prise Salz
3 EL Rohrohrzucker (oder ein anderes Süßungsmittel nach Wahl)
420 ml Pflanzenmilch (z. B. Soja-, Mandel-, Cashew- oder Hafermilch)
80 g Apfelmark (oder einen anderen Ei-Ersatz)
1 TL Vanilleextrakt (oder etwas gemahlene Vanille oder Zimt)
2 TL Apfelessig (oder Zitronensaft)
1 EL vegane Butter (oder Kokosöl)
120 g TK-Beeren (oder frische, optional)
2 TL Speise-/Maisstärke

Toppings

Kokosraspel (oder Puderzucker oder Ahornsirup)
Frische Beeren (z. B. Himbeeren, Blaubeeren, Johannisbeeren)
Granatapfelkerne

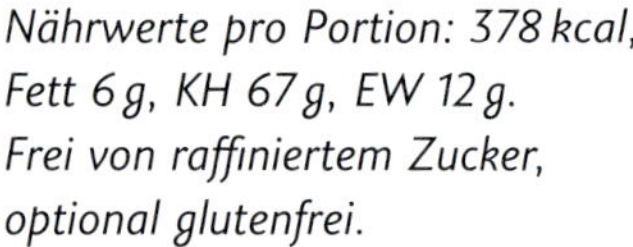

Nährwerte pro Portion: 378 kcal, Fett 6 g, KH 67 g, EW 12 g. Frei von raffiniertem Zucker, optional glutenfrei.

1. Die gusseiserne Pfanne (oder die 2 kleinen Pfannen) in den Backofen stellen und den Ofen samt Pfanne(n) auf 180 °C Ober-/Unterhitze vorheizen.
2. **Mehl, Backpulver** und **Natron** in eine Schüssel sieben. **Salz** und **Zucker** hinzugeben und alles vermischen.
3. **Pflanzenmilch, Apfelmark, Vanilleextrakt** und **Apfelessig** in einem Gefäß verrühren. Dann in die Mehlmischung gießen und alles kurz zu einem glatten Teig verrühren.
4. Die vorgeheizte Pfanne mit Backhandschuhen aus dem Ofen nehmen. Die **Butter** darin zerlassen und gleichmäßig verteilen.
5. Nun den Teig in die Pfanne gießen. Gefrorene **Beeren** mit **Maisstärke** vermengen und gleichmäßig auf dem Teig verteilen.
6. Den Pfannkuchen 30–35 Minuten im Ofen backen, oder bis die Ränder goldbraun sind und beim Stäbchentest kein Teig hängen bleibt.
7. Die Pfanne mit Backhandschuhen aus dem Ofen nehmen und nach Belieben mit **Kokosraspeln,** frischen **Beeren** und **Granatapfelkernen** garnieren.

Guten Appetit!

Tipps

♥ **Mehl:** Anstelle von Weizen- oder Dinkelmehl kann man eine glutenfreie Mehlmischung 1:1 verwenden. Vollkorn- oder Buchweizenmehl eignet sich für das Rezept ebenfalls, jedoch wird der Pfannkuchen dann nicht so fluffig. Alternativ kann man auch Mehlsorten mischen.

♥ **Extras:** Wer mag, kann zusätzlich noch gehackte Nüsse, Rosinen oder Schoko-Stückchen unter den Teig heben.
Als alternatives Topping könnte man die Pfannkuchen mit Puderzucker bestreuen, gehobelte Mandeln darübergeben oder die Pfannkuchen mit Ahornsirup beträufeln. Auch vegane Vanillesauce oder eine Kugel veganes Vanilleeis schmecken gut dazu.

BIANCA
ZAPATKA

Schoko-Bananen-Müsliriegel

Vorbereitung: 5 Minuten
Zubereitung: 5 Minuten
+ 30–40 Minuten Backzeit
+ 2 Std. Kühlzeit
Backform (20 × 20 cm)

Zutaten für 12 Riegel

160 g Haferflocken (oder andere Getreideflocken, bei Bedarf glutenfrei)
100 g gemischte Nüsse, gehackt (oder Kerne)
2 EL Leinsamen (oder Chiasamen)
3 EL vegane Schoko-Drops
½ TL Zimt
1 Prise Salz
2 reife Bananen (180 g), zerdrückt
2 EL Nussmus (z. B. Mandel-, Cashew-, Haselnuss- oder Erdnussmus oder Tahini)
2 EL Kokosöl, geschmolzen
2 EL Ahornsirup (oder Dattelsirup, Reissirup oder Agavendicksaft)
1 TL Vanilleextrakt

Nach Belieben zum Verzieren

2 EL geschmolzene vegane Schokolade

Nährwerte pro Riegel: 177 kcal, Fett 11 g, KH 16 g, EW 4 g. Frei von raffiniertem Zucker, optional glutenfrei.

1. Den Ofen auf 160 °C Ober-/Unterhitze (140 °C Umluft) vorheizen. Die Backform mit Backpapier auslegen.
2. **Haferflocken,** gehackte **Nüsse, Leinsamen, Schoko-Drops, Zimt** und **Salz** in einer großen Schüssel vermischen.
3. Die zerdrückten **Bananen** in eine kleine Rührschüssel geben. **Nussmus,** flüssiges **Kokosöl, Ahornsirup** und **Vanilleextrakt** hinzufügen und alles verrühren. Dann zur Hafer-Nuss-Mischung geben und alles gut vermengen.
4. Die Müsli-Mischung in die vorbereitete Backform füllen und mit einem Teigschaber oder einem Löffel gleichmäßig festdrücken.
5. Im vorgeheizten Ofen ca. 30–40 Minuten backen (sollte die Oberseite beim Backen zu dunkel werden, einfach locker mit einem Stück Backpapier abdecken).
6. Anschließend auf Raumtemperatur abkühlen lassen und mit Hilfe des überstehenden Backpapiers aus der Form heben. Dann für 2 Stunden in den Kühlschrank stellen. Herausnehmen und mit einem scharfen Messer in Riegel schneiden. (Die Riegel entweder vor oder nach dem Kühlen schneiden, je nachdem, was einfacher ist. Gekühlt sind sie härter.)
7. Die Riegel nach Belieben mit geschmolzener veganer **Schokolade** verzieren und sofort genießen oder in einer Tupperdose bis zu 3 Tage bei Raumtemperatur oder bis zu 1 Woche im Kühlschrank lagern. Man kann die Riegel aber auch bis zu 3 Monate einfrieren.

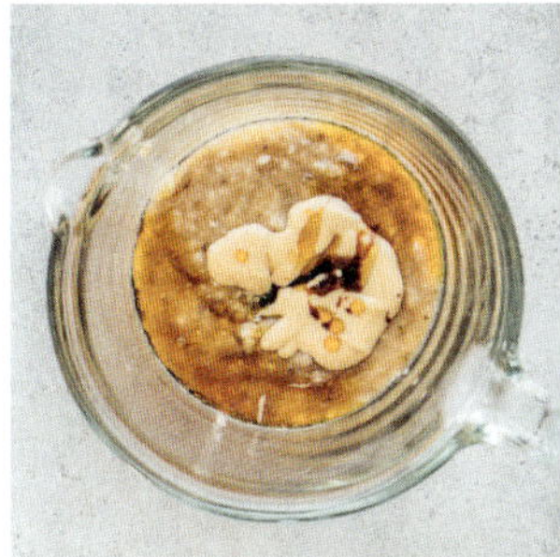

Tipps

♥ **Nüsse:** Ich habe eine Mischung aus Mandeln, Cashewkernen und Walnüssen verwendet, aber auch andere Nüsse wie Haselnüsse, Pekannüsse, Pistazien, Macadamianüsse etc. passen dazu.
♥ **Nussfrei:** Statt Nüssen kann man beliebige Kerne oder andere Saaten nehmen wie Sonnenblumenkerne, Kürbiskerne, geschälte Hanfsamen, Sesam etc., sowie Tahini (Sesammus) oder Sonnenblumenkernmus statt Nussmus.
♥ **Trockenfrüchte:** Wer mag, kann auch Trockenfrüchte wie Rosinen, Cranberrys, Kirschen, Feigen, Aprikosen, Datteln, Pflaumen usw. verwenden. Je nach Größe einfach vorher mit einem scharfen Messer fein hacken.
♥ **Bananen:** Statt Bananen könnte man auch Apfelmark nehmen oder die doppelte Menge Kokosöl und Sirup.
♥ **Konsistenz:** Wer die Riegel knuspriger mag, kann sie nach dem Schneiden noch ein zweites Mal für ca. 15 Minuten backen.

American Pancakes

Vorbereitung: 3 Minuten
Zubereitung: ca. 5–6 Minuten pro Pfannkuchen
Große Pfanne oder Crêpe-Maker

Zutaten für 8 Stück

160 g Weizen- oder Dinkelmehl (oder glutenfreie Mehlmischung)
2 TL Backpulver
1 Prise Salz
1 TL Zimt (oder etwas gemahlene Vanille)
120 ml Pflanzenmilch (Sorte nach Wahl)
80 ml kohlensäurehaltiges Mineralwasser
1–2 EL Ahornsirup (oder Zucker nach Geschmack)
1–2 EL Kokosöl (oder anderes Öl zum Braten)

Toppings

Nussmus
Ahornsirup
Frische Beeren
Kokosraspel

Nährwerte pro Pancake: 100 kcal, Fett 2 g, KH 17 g, EW 3 g. Frei von raffiniertem Zucker, optional glutenfrei.

1. **Mehl, Backpulver, Salz** und **Zimt** in einer Schüssel vermischen. Dann **Pflanzenmilch, Mineralwasser** und **Ahornsirup** hinzufügen und alles nur kurz zu einem cremigen Teig verrühren (falls die Pancakes etwas dünner sein sollen, noch etwas mehr Pflanzenmilch hinzugeben).
2. Etwas **Kokosöl** in einer großen Pfanne oder auf einem Crêpe-Maker auf mittlerer Stufe erhitzen.
3. Nun ca. 2 EL Teig pro Pfannkuchen in die Pfanne geben und mit einem Löffel in eine runde Form streichen.
4. Sobald sich kleine Bläschen auf der Oberfläche der Pfannkuchen bilden und die Ränder fest werden (nach ca. 3 Minuten), kann man die Pfannkuchen vorsichtig wenden und weitere 2–3 Minuten ausbacken, bis sie goldgelb bzw. leicht braun sind.
5. Die Pancakes direkt servieren oder bis zum Verzehr im Backofen warmhalten. Nach Belieben mit **Nussmus, Ahornsirup, Beeren** und **Kokosraspeln** oder anderen Toppings nach Wahl servieren.

Tipps

♥ **Mehl:** Um glutenfreie Pancakes zu machen, kann man eine glutenfreie Mehlmischung 1:1 verwenden. Mit schwererem Mehl wie Hafer- oder Vollkornmehl werden die Pancakes nicht so fluffig und weich wie mit hellem Mehl. Ggf. muss dann auch die Flüssigkeitsmenge anpasst werden, da verschiedene Mehlsorten unterschiedlich viel Flüssigkeit aufnehmen.

♥ **Mineralwasser:** Durch die Kohlensäure werden die Pancakes wunderbar fluffig. Man kann stattdessen aber auch mehr Pflanzenmilch nehmen (insgesamt 200 ml) und 2 TL Apfelessig hinzufügen, um das Backpulver zum Sprudeln zu bringen.

♥ **Aufbewahrung:** Übrig gebliebene Pancakes kann man in einem verschlossenen Behälter im Kühlschrank oder bei Raumtemperatur ca. 3–5 Tage aufbewahren und dann kurz in der Mikrowelle, Pfanne oder im Toaster (wie Toastbrot) erwärmen.

Pancake-Variationen

♥ **Fruchtpüree:** Wer mag, kann auch eine pürierte Banane oder 80 g Apfelmus, Mangomark oder veganen Joghurt für mehr Saftigkeit hinzufügen. Hierbei die Flüssigkeit etwas reduzieren, damit der Teig nicht zu dünn wird.

♥ **Obst:** Man kann auch einen Apfel in den Teig raspeln oder gewürfeltes Obst oder ein paar frische Beeren unterheben.

♥ **Öl/Nussmus:** Für mehr Geschmack (Fett ist Geschmacksträger) kann man noch 1–2 EL Öl (z. B. Rapsöl mit Buttergeschmack) oder Nussmus wie Cashewmus, Mandelmus oder Erdnussmus in den Teig geben.

Rührtofu

Vorbereitung: 5 Minuten
Zubereitung: 10 Minuten

Zutaten für 2 Portionen
200 g Tofu Natur
1–2 EL Pflanzenöl
1 Zwiebel, fein gehackt (oder 1 TL Zwiebelpulver)
2 TL Hefeflocken
⅓ TL Kurkuma (optional für die Farbe)
Pfeffer
1 Prise Paprikapulver, edelsüß (optional)
75 g ungesüßter Sojajoghurt Natur
½ TL Kala Namak oder normales Salz (nach Geschmack)

Nach Belieben zum Servieren
Frische Kräuter (z. B. Dill, Petersilie)
Brot oder Burritos (S. 38)

Nährwerte pro Portion: 274 kcal, Fett 16 g, KH 9 g, EW 24 g. Frei von raffiniertem Zucker, glutenfrei.

1. Den **Tofu** mit Küchenpapier gut trocken tupfen und dann mit den Händen (oder einer Gabel) in grobe Stücke zerbröseln.
2. Das **Öl** in einer Pfanne auf mittlerer Stufe erhitzen und die gehackte **Zwiebel** ca. 2 Minuten glasig dünsten. Den zerbröselten Tofu hinzugeben und weitere 4–5 Minuten unter gelegentlichem Rühren leicht anbraten.
3. Anschließend **Hefeflocken, Kurkuma, Pfeffer** und **Paprikapulver** darüberstreuen und gut vermengen. Danach den **Sojajoghurt** unterrühren und alles 2–3 Minuten zugedeckt bei niedriger Hitze ziehen lassen.
4. Zuletzt mit **Kala Namak** oder normalem Salz würzen und nach Belieben mit frischem **Dill, Petersilie** oder anderen **Kräutern** auf **Brot** servieren oder in **Burritos** wickeln.

Guten Appetit!

Tipps

- Kala Namak, auch bekannt als »schwarzes Salz«, verleiht dem veganen Rührei einen Ei-ähnlichen Geschmack, sodass es nahezu nach echten Eiern schmeckt! Man kann allerdings auch nur normales Salz verwenden. Es ist dabei jedoch zu beachten, dass Kala Namak weniger salzig ist als normales Salz.
- Das Kala Namak oder Salz wird erst zuletzt hinzugefügt, damit es dem veganen Rührei vorher nicht die Feuchtigkeit entzieht.
- Rührtofu lässt sich bis zu 3-4 Tage in einem luftdichten Behälter im Kühlschrank aufbewahren.

Frühstücks-Burritos

Vorbereitung: 35 Minuten
Zubereitung: 15 Minuten

Zutaten für 4–6 Stück

4–6 Tortillas (bei Bedarf glutenfreie Tortillas verwenden)
Pico de Gallo (S. 79)
Nacho-Käse-Dip (S. 80)
Knusprige Ofenkartoffeln (S. 96)
Rührtofu (Veganes Rührei) (S. 37)
1 Dose Kidneybohnen (240 g Abtropfgewicht) oder andere Bohnen
1–2 Avocado, gewürfelt
Zitronen- oder Limettensaft zum Beträufeln
Öl zum Braten

Toppings

Nachos
Mais
Sriracha-Sauce

Nährwerte pro Burrito (bei 4 insgesamt): 782 kcal, Fett 37 g, KH 86 g, EW 29 g. Frei von raffiniertem Zucker, optional glutenfrei.

1. Zuerst **Pico de Gallo, Nacho-Käse-Dip, Ofenkartoffeln Tofu-Rührei** gemäß den Rezepten aus diesem Buch vorbereiten. (**Meal-Prep-Tipp:** Man kann alles bereits am Vortag zubereiten oder Reste verwenden. Die Vorbereitungszeit fällt dann entsprechend kürzer aus.)
2. Die **Kidneybohnen** abgießen, abspülen und abtropfen lassen. Die **Avocado** halbieren, den Kern entfernen, das Fruchtfleisch mit einem Löffel ausschaben und in kleine Würfel schneiden. Dann mit etwas **Zitronen-** oder **Limettensaft** beträufeln, damit die Avocado-Würfel nicht braun werden.
3. Eine Tortilla auf ein Brett oder einen Teller legen. Zuerst eine Tortilla-Hälfte mit einem Klecks Käse-Dip bestreichen. Dann mit ein paar Kartoffelwürfeln, Kidneybohnen, etwas Tofu-Rührei, Pico de Gallo (Flüssigkeit vorher abschöpfen) und einigen Avocado-Würfeln belegen. Wer mag, kann noch zerkrümelte **Nachos, Mais, Sriracha-Sauce** oder andere Toppings dazugeben.
4. Zunächst die äußeren Seiten der Tortilla nach innen klappen und dann über die Füllung zu einem Burrito aufrollen. Anschließend so viele Tortillas nach dieser Methode belegen und falten, bis man genügend Burritos zubereitet hat. Die restlichen Tortillas und die übrige Füllung kann man in separaten Behältern im Kühlschrank aufbewahren.
5. Eine Pfanne auf mittlerer Stufe erhitzen und mit etwas **Öl** bepinseln. Die Burritos mit der Faltseite nach unten zeigend hineinlegen und ca. 2 Minuten rösten, bis die Unterseite goldbraun ist. Die Oberseite mit etwas Öl bepinseln, dann vorsichtig wenden und die andere Seite ebenfalls goldbraun rösten.
6. Die Burritos am besten sofort servieren, solange sie noch warm und knusprig sind.

♥ Dieses Rezept ist sehr vielseitig. Es ist eine tolle Möglichkeit, um Reste zu verwerten und kann mit beliebigen Zutaten zubereitet werden. Es lassen sich übrige Pellkartoffeln oder Pommes sowie andere Bohnen oder auch Kichererbsen oder Linsen verwenden. Die Reste einer Gemüsepfanne bzw. Reispfanne oder übrig gebliebene Nuggets, Bratlinge etc. eignen sich kleingeschnitten ebenso als Füllung. Oder man nimmt allerlei frische Zutaten wie Salat, Spinat, Krautsalat, Karotten, Paprika, Tomaten, gegrillte Zucchini, Auberginen – was auch immer man mag – und fügt diese hinzu!

♥ Selbstverständlich kann man auch andere Dips, Aufstriche und Saucen wählen (siehe Kapitel Salate & Dips) – hier gibt es zahlreiche Optionen!

Kürbis-Brötchen

Vorbereitung: 20 Minuten
+ 45–60 Minuten Ruhezeit
Zubereitung: 5 Minuten
+ 20 Minuten Ruhezeit
+ 20–25 Minuten Backzeit
Küchengarn (8 × 80 cm)

Zutaten für 8 Stück

200 g Kürbispüree (von ca. 300 g rohem Hokkaido-Kürbis, oder fertiges Kürbismus aus der Dose)
120 ml lauwarmes Wasser (ca. 35 °C)
½ Würfel frische Hefe (oder 1 Päckchen Trockenhefe)
1 TL Zucker (oder mehr für süße Brötchen)
450 g Weizen- oder Dinkelmehl (oder glutenfreie Mehlmischung)
1 TL Salz (nur ½ TL für süße Brötchen)
2 TL Zimt (oder Pumpkin Pie Spice bzw. Kürbisgewürz)
50 g Sojajoghurt Natur (oder Apfelmark)
50 g vegane Butter, weich

Zum Bestreichen

2–3 EL Soja- oder Hafer-Cuisine (oder andere Pflanzensahne)
1 Prise Kurkuma (optional)

Nährwerte pro Brötchen:
276 kcal, Fett 8 g, KH 44 g, EW 7 g.
Frei von raffiniertem Zucker, optional glutenfrei.

1. Zuerst das **Kürbispüree** wie im Hummus-Rezept (S. 75) herstellen (oder fertiges Kürbismus aus der Dose verwenden).
2. Das **Wasser** in eine Schüssel gießen. Frische **Hefe** hineinbröseln und **Zucker** hinzugeben. Mit einem Löffel verrühren, bis sich die Hefe aufgelöst hat. Anschließend ca. 3–5 Minuten beiseitestellen, bis die Mischung zu schäumen beginnt (so weiß man, dass die Hefe arbeitet und funktioniert). Bei Trockenhefe entfällt dieser Schritt, diese kann direkt zur Mehlmischung gegeben werden.
3. In einer großen Schüssel **Mehl, Salz** und **Zimt** vermischen. In der Mitte eine Mulde formen und die Hefemischung, **Sojajoghurt,** Kürbispüree und vegane **Butter** hineingeben. Dann von außen mit einem Holzlöffel einarbeiten, bis sich alles verbunden hat. Nun alles mit dem Knethaken einer Küchenmaschine (oder mit den Händen) ca. 5–8 Minuten kneten, bis ein geschmeidiger Hefeteig entsteht (bitte Tipps beachten!).
4. Die Schüssel mit einem Deckel (oder Frischhaltefolie) abdecken und ca. 45–60 Minuten an einem warmen Ort gehen lassen, bis sich das Teigvolumen verdoppelt hat. Wer die Brötchen erst am nächsten Tag backen möchte, kann den Teig anschließend über Nacht in den Kühlschrank stellen.
5. Den aufgegangenen Teig auf einer leicht bemehlten Arbeitsfläche nochmals kurz durchkneten und dann in 8 Stücke (à etwa 110 g) teilen.
6. Jedes Stück zu einem runden Ball formen und dann locker mit Küchengarn umwickeln, sodass es den Teig nur leicht berührt und zuletzt verknoten.
7. Die Teiglinge mit genügend Abstand auf ein mit Backpapier ausgelegtes Bachblech setzen und nochmals für 20 Minuten abgedeckt gehen lassen.
8. Den Backofen inklusive einer Auflaufform auf der untersten Ebene auf 180 °C Ober-/Unterhitze vorheizen.
9. Die Kürbisbrötchen mit **Soja-Cuisine** (optional mit 1 Prise **Kurkuma** verrührt) bestreichen (damit sie später schön glänzen) und in den Ofen schieben. Die Auflaufform mit Wasser füllen, sodass Wasserdampf entsteht. Dann den Ofen sofort schließen und die Brötchen ca. 20–25 Minuten backen. Anschließend herausnehmen, abkühlen lassen und mit Kürbis-Hummus oder anderen Aufstrichen genießen!

Fortsetzung auf Seite 41 

Kürbis-Brötchen

Fortsetzung von Seite 41

- **Hinweis:** Die Wasser-/Mehlmenge kann variieren, je nachdem wie die Konsistenz des Kürbispürees ist. Daher lieber erstmal weniger Wasser nehmen und bei Bedarf mehr hinzufügen, oder einfach später, wenn nötig, mehr Mehl hinzugeben. Wenn der Hefeteig über Nacht im Kühlschrank stehtt, reicht die halbe Menge Hefe.
- **Mehl:** Für fluffige Brötchen nimmt man idealerweise helles Weizen- oder Dinkelmehl oder eine glutenfreie Mehlmischung für den Hefeteig. Bei Verwendung eines schwereren Mehls wie Vollkornmehl, werden die Brötchen kompakter und gehen nicht so gut auf. Eine Mischung aus hellem Mehl und Vollkornmehl wäre dann schon besser geeignet.
- **Zucker:** Jede beliebige Zuckersorte ist verwendbar.
- **Sojajoghurt:** Eignet sich wegen seiner bindenden Eigenschaft sehr gut für veganes Backen. Alternativ kann man Apfelmark nehmen oder die Zutat ganz weglassen.
- Um Körnerbrötchen zu machen, beliebige Körner, Nüsse oder Saaten wie Kürbiskerne, Sonnenblumenkerne, gehackte Walnüsse, Haselnüsse, Pekannüsse, Sesam, Mohn, Lensamen oder Chiasamen hinzugeben. Diese entweder in den Teig einarbeiten oder nur als Topping obendrauf streuen.

Apfelbrot

Vorbereitung: 5 Minuten
Zubereitung: 15 Minuten
+ 50–60 Minuten Backzeit
(Silikon-)Kastenform
(ca. 23 × 10 cm)

Zutaten für 12–14 Scheiben

250 g Weizen- oder Dinkelmehl (oder glutenfreie Mehlmischung)
3 TL Backpulver (10 g, oder 2 TL Backpulver + ½ TL Natron)
1 Prise Salz
1–2 TL Zimt
100 ml Ahornsirup (oder anderer Sirup oder Zucker nach Belieben)
120 g Apfelmark (oder Bananen, Mangomark oder vegane Skyr-Alternative)
120 ml Pflanzenmilch (z. B. Soja-, Haselnuss-, Cashew- oder Mandelmilch)
60 ml neutrales Öl (z. B. Rapsöl mit Buttergeschmack, Sonnenblumenöl, Avocadoöl, oder flüssiges Kokosöl)
1 TL Vanilleextrakt (oder etwas gemahlene Vanille)
1 EL Zitronensaft (oder Orangensaft oder 2 TL Apfelessig)
2 Äpfel (180 g), gewürfelt

Topping

Puderzucker

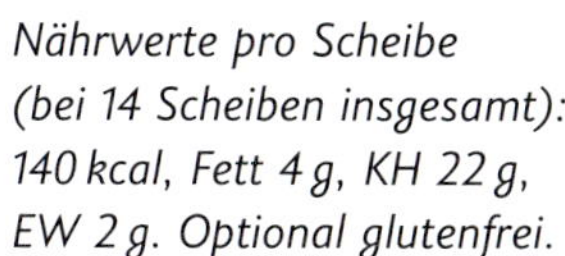

Nährwerte pro Scheibe (bei 14 Scheiben insgesamt): 140 kcal, Fett 4 g, KH 22 g, EW 2 g. Optional glutenfrei.

1. Den Ofen auf 180 °C Ober-/Unterhitze vorheizen. Die Silikon-Kastenform bereitstellen (oder eine normale Kastenform einfetten und mit zusätzlichem Backpapier auslegen).
2. In einer großen Rührschüssel **Mehl, Backpulver, Salz, Zimt** und **Ahornsirup** vermischen.
3. **Apfelmark, Pflanzenmilch, Öl, Vanilleextrakt** und **Zitronensaft** hinzugeben und alles kurz zu einem Teig verrühren. Zuletzt noch die gewürfelten **Äpfel** unterheben.
4. Den Teig in die vorbereitete Backform füllen und glatt streichen. Etwa 50–60 Minuten backen, bzw. so lange, bis ein in die Mitte des Kuchens eingestochener Zahnstocher wieder fast sauber (mit ein paar saftigen Krümeln dran) herauskommt.
5. Anschließend 10–15 Minuten in der Form abkühlen lassen. Dann herausnehmen und auf einem Gitter vollständig auskühlen lassen.
6. Nach Belieben mit **Puderzucker** bestäuben und schmecken lassen!

Tipps

♥ **Mehl:** Anstelle von Weizen- oder Dinkelmehl kann man eine glutenfreie Mehlmischung 1:1 verwenden. Vollkorn- oder Buchweizenmehl funktioniert auch, jedoch wird das Brot dann etwas kompakter. Man kann auch helle und dunkle Mehlsorten mischen.

♥ **Extras:** Wer mag, kann zusätzlich noch gehackte Nüsse oder Rosinen unter den Teig heben und/oder als Topping gehobelte Mandeln darüberstreuen.

♥ **Muffins:** Mit diesem Rezept lassen sich auch 16 Muffins backen. Die Backzeit beträgt ca. 20–25 Minuten.

♥ **Aufbewahrung:** Das Brot hält sich abgedeckt im Kühlschrank bis zu 5 Tage und kann bis zu 3 Monate eingefroren werden. Vor dem Verzehr auf Raumtemperatur bringen oder einfach kurz in der Mikrowelle aufwärmen, damit es wieder richtig schön locker, weich und saftig wird!

Zucchini-Brot

Vorbereitung: 5 Minuten
Zubereitung: 10 Minuten
+ 60 Minuten Backzeit
Kastenform (ca. 23 × 10 cm)

Zutaten für 12–14 Scheiben

240 g Weizen- oder Dinkelmehl (oder glutenfreie Mehlmischung)
3 TL Weinstein-Backpulver (oder 2 TL normales Backpulver + 1 TL Natron)
½ TL Salz
1 TL Zimt (optional nach Geschmack)
¼ TL Muskat (optional nach Geschmack)
100 g Rohrohrzucker (oder anderer Zucker)
50 g Kokosblütenzucker (oder anderer Zucker)
120 g Apfelmark (oder eine zerdrückte Banane)
50 g neutrales Öl (z. B. Sonnenblumenöl, Avocadoöl oder Rapsöl mit Buttergeschmack)
1 TL Vanilleextrakt (oder Vanillezucker)
1½ TL Apfelessig (oder anderer Essig)
200 g Zucchini, geraspelt
Haferflocken zum Bestreuen (optional, bei Bedarf glutenfrei)

Nährwerte pro Scheibe (bei 14 insgesamt): 141 kcal, Fett 4 g, KH 25 g, EW 2 g. Frei von raffiniertem Zucker, optional glutenfrei.

1. Den Ofen auf 175 °C Umluft (190 °C Ober-/Unterhitze) vorheizen und die Kastenform leicht fetten und mit Backpapier auslegen.
2. **Mehl** und **Backpulver** in eine große Schüssel sieben. Dann **Salz, Zimt, Muskat** und beide **Zuckersorten** hinzufügen und alles vermischen.
3. **Apfelmark, Öl, Vanilleextrakt** und **Apfelessig** in einer kleinen Schüssel vermischen. Anschließend mit der geraspelten **Zucchini** zur Mehlmischung geben und alles nur so lange verrühren, bis sich die Zutaten verbunden haben (der Teig sieht zu Beginn etwas trocken aus, aber er wird cremiger, sobald die Flüssigkeit aus der Zucchini tritt).
4. Den Teig in die vorbereitete Kastenform füllen und optional mit **Haferflocken** bestreuen. Das Brot 60 Minuten backen. Dann den Ofen ausschalten und das Brot noch 5–10 Minuten im Ofen lassen. Die Ofentür öffnen und das Brot langsam herausnehmen. Zunächst 5–10 Minuten in der Form abkühlen lassen, danach vorsichtig herausnehmen und auf einem Kuchengitter vollständig auskühlen lassen.
5. In Scheiben schneiden und mit beliebigen Aufstrichen wie Nussmus und Obst oder pur genießen!

Tipps

♥ Das Brot bitte nicht zu schnell aus dem Ofen nehmen, damit es nicht wieder zusammenfällt.

♥ Statt Zucchini kann man auch Karotten, Süßkartoffeln oder Kürbis nehmen, oder eine Mischung aus den Gemüsesorten. Da Zucchini einen höheren Flüssigkeitsgehalt hat als die anderen Sorten, müsste ggf. etwas Pflanzenmilch hinzugefügt werden.

♥ Das Apfelmark dient als Ei-Ersatz. Stattdessen lässt sich aber auch zerdrückte Banane oder Kürbispüree verwenden.

♥ Am besten helles Weizenmehl oder Dinkelmehl nehmen oder eine Mischung aus Vollkornmehl oder Hafermehl und hellem Mehl, damit das Brot nicht zu kompakt wird.

♥ Das Brot lässt sich bis zu 3 Monate einfrieren. Fest in Frischhaltefolie einwickeln und in einen verschließbaren Gefrierbeutel legen. Vor dem Servieren zuerst über Nacht im Kühlschrank auftauen lassen, dann auf Raumtemperatur bringen.

♥ Auch Muffins lassen sich mit diesem Rezept backen. Die Backzeit beträgt dann ca. 25–30 Minuten. Wenn man einen Blechkuchen in einer Brownieform backen möchte, beträgt die Backzeit nur ca. 35 Minuten.

♥ Bitte immer einen Stäbchentest durchführen, da Backöfen in Leistung und Temperatur variieren können.

Mini-Gemüse-Frittata-Muffins

Vorbereitung: 10 Minuten
Zubereitung: 5 Minuten
+ 30–35 Minuten Backzeit

Zutaten für 12er-Muffinblech

160 g Kichererbsenmehl
1 TL Backpulver
3 EL Hefeflocken
1 TL Knoblauchpulver, oder Zwiebelpulver
1 TL italienische Kräuter, z. B. Mischung aus Oregano, Basilikum, Thymian und Rosmarin
1 TL Kala Namak (oder ¾ TL herkömmliches Salz, siehe Tipps)
½ TL Kurkuma, optional für eine gelbe Farbe
360 ml ungesüßte Pflanzenmilch oder Wasser
400 g Gemüse nach Wahl (z. B. Brokkoli, Frühlingszwiebeln, Paprika, Zucchini, Karotten, Erbsen, Tomaten, siehe Tipps)

Nach Belieben zum Garnieren

Frische Kräuter (z. B. Petersilie, Schnittlauch, Basilikum, Dill)

Nährwerte pro Muffin: 83 kcal, Fett 2 g, KH 9 g, EW 6 g. Frei von raffiniertem Zucker, glutenfrei.

1. Den Backofen auf 180 °C Ober-/Unterhitze vorheizen und eine 12er-Silikon-Muffinform vorbereiten (oder ein Muffinblech mit Papierförmchen auskleiden).
2. In einer großen Rührschüssel **Kichererbsenmehl, Backpulver, Hefeflocken, Knoblauchpulver, italienische Kräuter, Kala Namak** und **Kurkuma** vermischen. Die **Pflanzenmilch** eingießen und mit einem Schneebesen zu einem homogenen Teig verrühren. Anschließend 5–10 Minuten beiseitestellen und währenddessen das Gemüse sehr klein schneiden.
3. Das fein gehackte **Gemüse** in den Kichererbsen-Teig geben und alles gut vermengen. Dann gleichmäßig auf die Muffinförmchen verteilen (wenn **Tomaten** verwendet werden, das flüssige Innere ausschaben, damit die Muffins nicht matschig werden, oder halbierte **Cherry-Tomaten** zum Schluss mit der Schnittseite nach oben auf den Teig setzen).
4. Die Muffins im vorgeheizten Ofen auf der mittleren Schiene 30–35 Minuten backen.
5. Anschließend in der Form abkühlen lassen, bis sie fest genug geworden sind, sodass man sie leicht herausnehmen kann.
6. Nach Belieben mit **frischen Kräutern** garnieren und entweder so oder mit beliebigen Dips zu Brot oder Brötchen servieren.

Tipps

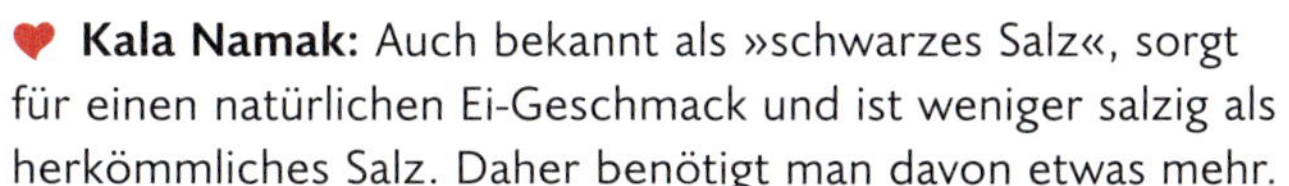

♥ **Kala Namak:** Auch bekannt als »schwarzes Salz«, sorgt für einen natürlichen Ei-Geschmack und ist weniger salzig als herkömmliches Salz. Daher benötigt man davon etwas mehr.

♥ **Gemüse:** Die Muffins sind perfekt, um restliches Gemüse aufzubrauchen, da sich die Gemüsesorten nach Belieben variieren lassen. Ich habe eine Mischung aus Brokkoli, Frühlingszwiebeln, Paprika, Zucchini, Karotten und Erbsen verwendet und zum Schluss noch eine halbierte Cocktail-Tomate auf einigen Muffins platziert. Auch Champignons, Lauch, Spinat, Blumenkohl, Kürbis, Süßkartoffeln, Mais sowie verschiedene frische Kräuter sind prima geeignet!

♥ Die Frittata-Muffins sind noch weich? Wie bei veganer Quiche und anderen veganen Ei-Rezepten ist es völlig normal, dass auch diese herzhaften »veganen Eier-Muffins« noch relativ weich sind, wenn sie aus dem Ofen kommen. Sobald sie abkühlen, werden sie aber stabiler, da die Frittata-Masse dann fester wird.

♥ **Aufbewahren:** Restliche Muffins können in einem verschlossenen Behälter im Kühlschrank aufbewahrt werden. Bei Bedarf einfach kurz im Ofen oder schnell in der Mikrowelle aufwärmen.

Kichererbsen-Pfannkuchen

Vorbereitung: 20 Minuten
Zubereitung: 5 Minuten pro Pfannkuchen

Zutaten für ca. 8 Stück

120 g Kichererbsenmehl
½ TL Salz (oder 1 TL Kala Namak)
1 TL Backpulver
1 TL Currypulver (optional, oder andere Gewürze nach Belieben)
240 ml Wasser (bei Bedarf etwas mehr)
120 g veganer Joghurt Natur (oder stattdessen mehr Wasser oder Pflanzenmilch)

Spinat-Kichererbsen-Füllung

200 g frischer Spinat (oder TK-Spinat, aufgetaut)
1 EL Olivenöl (oder anderes Pflanzenöl) + mehr zum Braten der Pfannkuchen
1 Zwiebel, gehackt
2 Knoblauchzehen, gehackt
1 Dose Kichererbsen (240 g Abtropfgewicht), abgespült und abgetropft
3 EL Tahini (Sesammus aus geröstetem Sesam)
Salz und Pfeffer
50 g veganer Feta (optional)

Nach Belieben zum Garnieren

Frische Petersilie

Nährwerte pro Pfannkuchen:
176 kcal, Fett 9 g, KH 13 g, EW 8 g.

1. Alle **Zutaten** für die Pfannkuchen in eine Schüssel geben und mit einem Schneebesen zu einem homogenen Teig verrühren. Dann 15 Minuten zum Quellen beiseitestellen. (**Kichererbsenmehl** hat ein hohes Quellvermögen. Sollte der Teig zu fest werden, einfach noch etwas **Wasser** nachgießen.)
2. Währenddessen die Füllung zubereiten. Hierfür frischen **Spinat** waschen, in einem Sieb etwas abtropfen lassen, putzen und grob zerteilen. Dann das **Öl** in einer Pfanne auf mittlerer Stufe erhitzen und die **Zwiebel** 2–3 Minuten glasig braten. **Knoblauch** hinzugeben und eine Minute anrösten. Als Nächstes Spinat, **Kichererbsen** und **Tahini** hinzugeben und 2–3 Minuten bei schwacher Hitze köcheln lassen (bei Bedarf etwas Wasser hinzufügen). Mit **Salz** und **Pfeffer** abschmecken.
3. Nun die Pfannkuchen ausbacken. Zunächst ein wenig Öl in einer Antihaft-Pfanne bei mittlerer Temperatur erhitzen. Sobald die Pfanne heiß ist, etwas Teig in die Pfanne geben und gleichmäßig verteilen. Sobald die Unterseite des Pfannkuchens nach ca. 2–3 Minuten goldbraun und fest ist und man ihn leicht bewegen kann, den Pfannkuchen vorsichtig wenden und von der anderen Seite 1–2 Minuten ausbacken. Wenn er kleben bleibt, sollte man ihn noch nicht umdrehen. Den Vorgang mit dem restlichen Teig wiederholen.
4. Die Pfannkuchen auf einen Teller geben, mit der Spinat-Füllung und veganem **Feta** belegen und vorsichtig zusammenklappen, solange sie noch warm sind (wenn die Pfannkuchen abkühlen, werden sie schnell brüchig und lassen sich nicht mehr leicht biegen).
5. Nach Belieben mit **Petersilie** garnieren und schmecken lassen. Dazu passen auch cremige Dips (siehe Kapitel Salate & Dips).

Guten Appetit!

♥ Die Pfannkuchen schmecken frisch zubereitet am besten. Restliche Pfannkuchen halten sich in einem verschlossenen Behälter separat von der Füllung aufbewahrt bis zu 2–3 Tage im Kühlschrank und können dann einfach in der Pfanne, der Mikrowelle oder kurz im Ofen aufgewärmt werden.

BIANCA
ZAPATKA

Salate & Dips

Linsensalat 56

Klassischer Nudelsalat 59

Mediterraner Nudelsalat 60

Green Goddess Bowl 63

Green Goddess Dressing 64

Krautsalat – wie beim Griechen 67

Türkisches Fladenbrot – Ramazan Pidesi 68

Paprika-Cashew-Dip 71

Kräuter-Dip 72

Knoblauchsauce 72

Kürbis-Hummus 75

Saté-Sauce (Erdnusssauce) 76

Pico de Gallo (mexikanische Salsa) 79

Nacho-Käse-Dip (Queso-Sauce) 80

Ketchup selber machen 83

Schnelle Burger-Sauce 83

Mayo selber machen 84

Remoulade 84

Minz-Joghurt-Sauce 87

Linsensalat

Vorbereitung: 20 Minuten
Zubereitung: 5 Minuten

Zutaten für 4 Portionen

200 g Berglinsen (oder grüne Puy-Linsen oder schwarze Belugalinsen)
1 rote Zwiebel
½ Salatgurke
1 rote Paprika
1 Bund Petersilie
1 Mango (oder Apfel oder Orange)
150 g Kirschtomaten
2 Handvoll Rucola
100 g veganer Feta (oder 1 Avocado, gewürfelt)

Dressing

2 EL Apfelessig (oder Balsamico-Essig oder weißer Essig)
2 TL Agavendicksaft (oder Ahornsirup)
1 TL mittelscharfer Senf
4 EL Olivenöl (oder Raps-, Hanf- oder Avocadoöl)
Salz und Pfeffer

Nach Belieben zum Garnieren

Frische Minze
Samen, Kerne (oder gehackte Nüsse)

Nach Belieben zum Servieren

Bratlinge
Guacamole

1. Die **Linsen** in einem feinmaschigen Sieb gründlich abspülen. Abtropfen lassen und in der doppelten Menge Wasser laut Packungsanweisung etwa 15 Minuten bissfest garen. Anschließend die Linsen abgießen und im Sieb abtropfen und abkühlen lassen.
2. In der Zwischenzeit das Gemüse waschen und schneiden. Die **Zwiebel,** die **Gurke** und die **Paprika** fein würfeln, die **Petersilie** hacken, die **Mango** in Würfel schneiden und die **Kirschtomaten** halbieren.
3. Alle **Dressingzutaten** vermischen und mit **Salz** und **Pfeffer** abschmecken.
4. Die Linsen mit Zwiebeln, Gurke, Paprika, Petersilie und dem Dressing in eine Schüssel geben und alles vermengen. Mango, Tomaten, **Rucola** und vegane **Fetawürfel** zum Schluss vorsichtig unterheben.
5. Den Salat kann man sofort verzehren oder für noch mehr Geschmack ein paar Stunden im Kühlschrank ziehen lassen. Nach Belieben mit **Minze** (oder **Saaten/Nüssen**) garnieren und auf Wunsch mit **Bratlingen** und **Guacamole** an der Seite servieren!

Nährwerte pro Portion: 455 kcal, Fett 22 g, KH 49 g, EW 15 g. Frei von raffiniertem Zucker, glutenfrei.

- Für den Linsensalat eignen sich Berglinsen, grüne Puy-Linsen oder schwarze Belugalinsen, da sie beim Kochen ihren Biss behalten. Gelbe oder rote Linsen eignen sich nicht so gut, weil sie beim Kochen zerfallen und breiig werden. Mit braunen Linsen aus der Dose geht die Zubereitung schneller, aber frisch gekocht schmecken sie besser.
- Man kann den Salat gut vorbereiten, da er lange haltbar ist. Außerdem schmeckt er am nächsten Tag sogar noch besser, wenn er durchgezogen ist und sich alle Aromen verbunden haben. In einem verschlossenen Behälter hält er sich 5 Tage im Kühlschrank.

VEGAN FOOD LOVE

VEGAN

Klassischer Nudelsalat

Vorbereitung: 15 Minuten
Zubereitung: 5 Minuten

Zutaten für 6 Portionen

250 g Nudeln (z. B. Hörnchennudeln, bei Bedarf glutenfrei)
1 kleine rote Zwiebel
1 rote Paprika
150 g Gewürzgurken
175 g vegane Fleischwurst
150 g TK-Erbsen
1 Kolben vorgegarter Mais (oder ½ Dose, abgespült und abgetropft, optional)
½ Bund Kräuter (z. B. Petersilie und Basilikum, optional)

Salatcreme

200 g vegane Mayonnaise (S. 84), oder zur Hälfte Mayo oder Tahini und zur Hälfte ungesüßter Sojaquark Natur (z. B. »Skyr-Style«)
2 TL Senf (nach Geschmack, z. B. mittelscharfer Senf oder Dijon-Senf)
3 EL Gurkenwasser (der Sud von den eingelegten Gurken)
Salz und Pfeffer

Nährwerte pro Portion: 394 kcal, Fett 21 g, KH 41 g, EW 9 g. Frei von raffiniertem Zucker, optional glutenfrei.

1. Die **Nudeln** nach Packungsanweisung in gesalzenem Wasser al dente kochen.
2. Währenddessen **Zwiebel, Paprika, Gewürzgurken** und vegane **Fleischwurst** in kleine Würfel schneiden und die **Erbsen** auftauen lassen.
3. Sobald die Nudeln gar sind, diese durch ein Sieb abgießen und mit kaltem Wasser abbrausen und abtropfen lassen.
4. Nudeln, gewürfeltes Gemüse und Erbsen in eine große Schüssel geben. Die **Zutaten** für die Salatcreme gut verrühren und über die Nudeln und das Gemüse geben und alles gut vermischen. Mit **Salz** und **Pfeffer** abschmecken, den **Mais** vom Kolben in die Schüssel schneiden und alles nochmal gut durchmischen (sollte der Salat nicht cremig genug sein, kann man noch einen Schuss Gurkenwasser hinzufügen).
5. Nach Belieben mit frischen **Kräutern** verfeinern und sofort servieren oder für einen noch besseren Geschmack vor dem Verzehr 1–2 Stunden (oder über Nacht) im Kühlschrank durchziehen lassen.

Tipps

- Perfekt als Beilage für vegane Würstchen, Burger, Bratlinge und viele andere Grill-Rezepte!
- Statt veganer Fleischwurst kann man auch Räuchertofu, vegane Käsewürfel oder vegane Mini-Mozzarella-Bällchen nehmen. Alternativ die Zutat einfach weglassen.
- Das Gemüse lässt sich durch andere Sorten austauschen und man kann auch Obst als fruchtige Komponente hinzufügen.
- Für einen Ei-Geschmack 1 Prise Kala Namak hinzugeben.
- Um einen grünen Nudelsalat zu machen, kann man ihn mit Green Goddess Dressing (S. 64) oder mit dem Kräuter-Dip (S. 72) anrichten.
- Wer den Nudelsalat ohne Mayo zubereiten möchte, kann 100 g Cashewmus oder Tahini (Sesammus) mit 100 g veganem ungesüßtem Sojaquark oder Seidentofu cremig rühren.
- Der Salat hält sich 5–6 Tage in einem luftdicht verschlossenen Behälter im Kühlschrank.

Mediterraner Nudelsalat

Vorbereitung: 15 Minuten
Zubereitung: 15 Minuten

Zutaten für 6 Portionen

500 g Spirelli-Nudeln (oder andere Nudeln, bei Bedarf glutenfrei)
1½ EL Olivenöl
1 gekochter Maiskolben (oder ½ Dose Mais)
1 rote Zwiebel oder 2 Schalotten, in dünne Scheiben geschnitten
150 g Gurke, fein gewürfelt
250 g Kirschtomaten, halbiert
40 g Rucola
1 Dose Kichererbsen (250 g Abtropfgewicht), abgespült und abgetropft
100 g Kalamata-Oliven, entkernt
200 g veganer Feta, gewürfelt
25 g gemischte frische Kräuter nach Wahl (z. B. Basilikum, Petersilie, Oregano, Dill)

Dressing

120 ml Olivenöl
60 ml Weißweinessig (oder Rotweinessig)
2 TL Ahornsirup oder Agavendicksaft
1–2 TL mittelscharfer Senf (oder Dijon-Senf)
2 Knoblauchzehen, gepresst (oder 1 TL Knoblauchpulver)
2 TL italienische Kräuter (oder nach Belieben)
Salz und Pfeffer

Zum Garnieren

3–4 EL Pinienkerne oder andere Nüsse oder Kerne oder Saaten
Frische Basilikumblätter

1. Salzwasser in einem Topf zum Kochen bringen und die **Nudeln** darin al dente kochen. Dann abgießen und mit kaltem Wasser abspülen. Abtropfen lassen und in einer Schüssel mit 1 EL **Olivenöl** vermengen, damit die Nudeln nicht aneinander kleben bleiben.
2. Die **Pinienkerne** in einer kleinen Pfanne ohne Zugabe von Öl unter häufigem Rühren auf mittlerer Stufe rösten, bis sie goldbraun sind. Aus der Pfanne nehmen und beiseitestellen.
3. ½ EL Öl in derselben Pfanne erhitzen und den **Mais** auf mittlerer Hitze einige Minuten lang anbraten, bis die Kerne gut gebräunt sind.
4. Alle **Zutate**n für das Dressing in einem Glas oder einer Schüssel verrühren.
5. Die gekochten Nudeln, das geschnittene **Gemüse,** den **Rucola,** die **Kichererbsen,** die **Oliven,** den veganen **Feta,** die **Kräuter** und den gegrillten Mais in eine große Schüssel geben. Mit dem Dressing beträufeln und alles gut vermengen.
6. Sofort servieren oder für mehr Geschmack ½–1 Stunde vor dem Servieren kühl stellen. Mit gerösteten Pinienkernen und frischen **Basilikumblättern** garnieren und genießen!

Nährwerte pro Portion: 708 kcal, Fett 37 g, KH 71 g, EW 20 g. Frei von raffiniertem Zucker, optional glutenfrei.

♥ Reste des Salats lassen sich in einem luftdichten Behälter bis zu 3 Tage im Kühlschrank aufbewahren.

VEGAN FOOD LOVE

BIANCA
ZAPATKA

Green Goddess Bowl

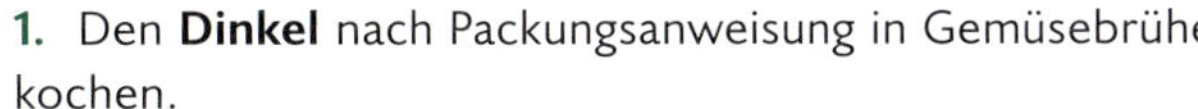

Vorbereitung: 5 Minuten
Zubereitung: 40 Minuten

Zutaten für 4 Portionen

180 g Dinkel (oder anderes Getreide wie Quinoa, Buchweizen, Reis oder Nudeln, bei Bedarf glutenfrei)
1 EL Olivenöl
250 g Brokkoliröschen
1 Prise Salz
2 Handvoll grünes Blattgemüse (z.B. Mangold, Spinat, Salat, Rucola), grob gehackt
1 Gurke (oder Zucchini oder Karotten), in Scheiben geschnitten
8 Radieschen, in Scheiben geschnitten
240 g Edamame, geschält (oder andere Hülsenfrüchte oder Sesam-Tofu oder Tempeh)
1 Avocado, in Scheiben geschnitten, mit Zitronensaft beträufelt und mit Sesamsamen bestreut
Green Goddess Dressing (S. 64)

Toppings

Frühlingszwiebeln, in Ringe geschnitten (oder Schnittlauch oder fein gehackte normale Zwiebeln)
Frische Kräuter (z.B. Petersilie, Basilikum, Dill)
Microgreens oder Sprossen (z.B. Kresse)
Kerne, Nüsse und Samen (z.B. Hanfsamen, Sonnenblumen- oder Kürbiskerne, gehackte Walnüsse, Pistazien oder Pinienkerne)

1. Den **Dinkel** nach Packungsanweisung in Gemüsebrühe kochen.
2. Das **Öl** in einer Pfanne oder einem Wok auf mittlerer Stufe erhitzen und die **Brokkoliröschen** 2–3 Minuten unter gelegentlichem Rühren anbraten. Anschließend **Salz** und etwas Wasser hinzufügen, einen Deckel auf die Pfanne setzen und den Brokkoli bei niedriger Hitze weitere 5 Minuten dämpfen. (Zubereitung im Ofen: Brokkoliröschen auf einem Backblech mit Olivenöl und Salz vermengen und im vorgeheizten Ofen bei 200 Grad 15–20 Minuten rösten.)
3. Währenddessen alle **Zutaten** für das **Dressing** in einem Mixer oder mit dem Stabmixer cremig pürieren.
4. Den gekochten Dinkel auf Schalen verteilen und mit Brokkoli, **Salat, Gurke, Radieschen, Edamame** und **Avocado** anrichten. Nach Belieben mit **Frühlingszwiebeln, frischen Kräutern, Micrograns, Kernen, Nüssen** und **Samen** garnieren und mit dem Green Goddess Dressing servieren.

Nährwerte pro Portion: 556 kcal, Fett 27 g, KH 54 g, EW 17 g.
Frei von raffiniertem Zucker, optional glutenfrei.

Tipps

♥ Auch andere Gemüsesorten wie Spargel, Fenchel, Kohlrabi, Zucchini, Erbsen, Salat etc. sind perfekte Zutaten für diese grüne Power-Bowl!
♥ Gurken, Zucchini oder Karotten kann man entweder klassisch in Scheiben oder in Würfel schneiden oder daraus mit einem Spiralschneider oder Gemüseschäler hübsche Gemüsenudeln machen!
♥ Sowohl das Getreide als auch das Dressing und der Brokkoli können im Voraus zubereitet und bis zu 1 Woche in luftdicht verschlossenen Behältern im Kühlschrank aufbewahrt werden.

Green Goddess Dressing

Zubereitung: 3 Minuten

Zutaten für 4 Portionen

1 Handvoll Spinat (oder anderes Blattgrün wie Rucola oder Grünkohl, optional)
30 g Kräuter (z. B. Basilikum, Petersilie und Dill)
40 ml Olivenöl
60 ml Tahini
2 EL Zitronensaft (oder Limettensaft oder 1 EL Apfelessig)
1–2 Knoblauchzehen, gepresst
1 TL Senf (optional)
2 TL Ahornsirup
Salz und Pfeffer
40 ml Wasser

Nährwerte pro Portion: 190 kcal, Fett 12 g, KH 8 g, EW 2 g. Frei von raffiniertem Zucker, glutenfrei.

1. **Spinat** und **Kräuter** in einem Sieb waschen und abtropfen lassen. Dann alle **Zutaten** in einen Mixer oder eine Küchenmaschine geben (oder einen Stabmixer verwenden) und pürieren, bis die Sauce glatt und cremig ist und die gewünschte Konsistenz erreicht hat (bei Bedarf etwas mehr **Wasser** hinzufügen).
2. Ideal als Dip, Sauce, Dressing, Aufstrich oder Salatcreme für Salate, Buddha Bowls, Gemüse, Nudeln, Tacos, Burger, Falafel, Bratlinge und vieles mehr!
3. Probiere das Dressing unbedingt zu der Green Goddess Bowl (S. 63)!

Tipp

♥ Das restliche Dressing kann in einem verschlossenen Glas 1 Woche im Kühlschrank aufbewahrt werden. Es lässt sich aber auch einfrieren.

Krautsalat – wie beim Griechen

Zubereitung: 20 Minuten
+ mind. 24 Std. Kühlzeit

Zutaten für 8 Portionen

½ Weißkohl
1 Zwiebel, fein gewürfelt
120 ml Kräuteressig
120 ml Olivenöl
40 g Zucker
1 EL Salz
1 TL gemahlener Pfeffer
Ca. 240 ml Wasser (am besten mit Kohlensäure, siehe Tipps)

Nährwerte pro Portion: 175 kcal, Fett 14 g, KH 12 g, EW 2 g. Glutenfrei.

1. Den **Kohl** halbieren und den Strunk herausschneiden, anschließend den Kohl fein raspeln und in eine Schüssel geben. Die gewürfelte **Zwiebel** dazugeben.
2. **Kräuteressig, Olivenöl, Zucker, Salz** und **Pfeffer** hinzufügen und alles vermengen. Mit **Mineralwasser** aufgießen (Achtung: schäumt etwas!) und nochmals kurz durchrühren.
3. Die Schüssel mit einem kleineren Teller beschweren und den Krautsalat mindestens 24 Stunden im Kühlschrank abgedeckt stehen lassen.
4. Nochmal abschmecken und servieren.

Tipps

- Anstelle des Weißkohls kann man auch Spitzkohl oder Rotkohl verwenden.
- Wer keinen Kräuteressig zur Hand hat, kann stattdessen auch Weißweinessig und frische Kräuter wie Petersilie nehmen.
- Das Olivenöl lässt sich auch durch ein anderes pflanzliches Öl ersetzen, z. B. Rapsöl. Wichtig ist nur, dass es sich um kaltgepresstes Öl handelt.
- Für eine zuckerfreie Variante kann statt Zucker Xylit oder Erythrit verwendet werden.
- Durch das kohlensäurehaltige Mineralwasser wird der Kohl etwas zarter, aber Leitungswasser geht auch.
- Reste in verschlossenen Gläsern im Kühlschrank aufbewahren.

Türkisches Fladenbrot – Ramazan Pidesi

Vorbereitung: 20 Minuten
+ 65–90 Minuten Ruhezeit
Zubereitung: 5 Minuten
+ 15–20 Minuten Backzeit

Zutaten für 2 Stück

Hefeteig
160 ml Wasser
½ TL Zucker
5 g frische Hefe (oder ½ Päckchen Trockenhefe)
260 g Weizen- oder Dinkelmehl (oder glutenfreie Mehlmischung)
5 g Salz
30 g Sojajoghurt Natur (oder anderer veganer Joghurt)
1 EL Olivenöl

Zum Formen und Bestreichen
3 EL Soja- oder Hafercuisine (oder andere Pflanzensahne) oder Pflanzenmilch
1 Prise Kurkuma (optional für eine gelbe Farbe)
1 TL Sesam
1 TL Schwarzkümmel

Nach Belieben zum Servieren
Paprika-Cashew-Dip (S. 71)

Nährwerte pro Stück: 583 kcal, Fett 13 g, KH 97 g, EW 16 g. Optional glutenfrei.

1. Zunächst **Wasser** und **Zucker** in eine kleine Schüssel geben. Die **Hefe** hineinbröseln und verrühren, bis sie sich aufgelöst hat. Dann einige Minuten beiseitestellen, bis die Mischung zu schäumen beginnt.
2. **Mehl** und **Salz** in einer Schüssel vermischen und in der Mitte eine Kuhle formen. Die Hefemischung, den **Joghurt** und das **Öl** in die Kuhle geben und mit einem Holzlöffel einarbeiten. Danach mit dem Knethaken einer Küchenmaschine oder mit den Händen ca. 6–10 Minuten kneten, bis ein geschmeidiger Teig entsteht. Anschließend den Teig zu einer Kugel formen, leicht mit Öl bepinseln und luftdicht abgedeckt ca. 45–60 Minuten bei Zimmertemperatur aufgehen lassen. (Optional kann man die Schüssel anschließend über Nacht in den Kühlschrank stellen und erst am nächsten Tag weitermachen.)
3. Den aufgegangenen Hefeteig auf eine bemehlte Arbeitsfläche geben und halbieren. Dann beide Hälften zu einem runden Laib formen, auf ein mit Backpapier ausgelegtes Backblech legen und nochmals abgedeckt 20–30 Minuten gehen lassen.
4. Ein ofenfestes Gefäß (z. B. eine Pfanne oder eine Auflaufform) auf die unterste Schiene des Backofens stellen und den Ofen auf 250 °C Ober-/Unterhitze vorheizen.
5. Nach der Ruhezeit die Teiglinge etwas flach drücken. Die pflanzliche **Sahne** mit **Kurkuma** verquirlen und die Fladenbrote damit bestreichen. Mit einer Teigkarte oder einem Messer rautenförmige Vertiefungen in den Teig drücken und diesen mit **Sesam** sowie **Schwarzkümmel** bestreuen.
6. Die Brote in den heißen Ofen schieben. Das ofenfeste Gefäß vorsichtig mit Wasser befüllen, sodass Dampf entsteht und den Ofen sofort schließen. Die Hitze auf 220 °C herunterschalten und die Brote 15–20 Minuten backen.
7. Nach Belieben mit **Paprika-Cashew-Dip** servieren.

- Trockenhefe kann man direkt zur Mehlmischung geben.
- Damit es länger weich und frisch bleibt, das frische Brot nach dem Backen am besten mit einem feuchten Küchentuch abdecken.

Paprika-Cashew-Dip

Vorbereitung: 15 Minuten
Zubereitung: 10 Minuten

Zutaten für 4 Portionen

150 g Cashewkerne (oder veganer Feta oder Frischkäse)
1½ EL Rapsöl (oder Olivenöl)
2 rote Paprikaschoten, grob gewürfelt
1 Zwiebel, gehackt
2 Knoblauchzehen, gehackt
1½ EL Paprika- oder Tomatenmark
1 TL Paprikapulver, edelsüß
1 kleine rote Chilischote (oder Chilipulver nach Geschmack)
1 EL Zitronensaft (oder nach Geschmack)
Salz und Pfeffer

Nährwerte pro Portion: 316 kcal, Fett 23 g, KH 18 g, EW 9 g. Frei von raffiniertem Zucker, glutenfrei.

1. Die **Cashewkerne** in einem Topf mit Wasser bedecken und 15 Minuten köcheln lassen, anschließend abgießen und mit frischem Wasser abspülen (oder die Cashews über Nacht in Wasser einweichen lassen).

2. Das **Öl** in einer großen Pfanne auf mittlerer Stufe erhitzen und die gewürfelte **Paprika** etwa 2–3 Minuten anrösten. Dann die **Zwiebelwürfel** hinzugeben und für 2–3 Minuten mitbraten. Nun den gehackten **Knoblauch** hinzufügen und 1 weitere Minute anrösten. Danach Cashewkerne, **Paprika-** oder **Tomatenmark, Paprikapulver** und **Chili** unterrühren.

3. Die Mischung gemeinsam mit **Zitronensaft,** etwas **Salz** und **Pfeffer** in einen Mixer oder in eine Küchenmaschine geben und fein pürieren (man kann auch einen Pürierstab verwenden). Abschmecken und bei Bedarf nachwürzen.

4. Die Paprika-Cashew-Creme als Aufstrich essen oder als Dip zu Gemüse, Bratlingen oder anderen Fingerfood-Snacks (siehe Kapitel Beilagen, Fingerfood, Suppen) reichen. Die Creme schmeckt aber auch lecker als Sauce auf Reis, Kartoffeln, Gnocchi oder Pasta.

Guten Appetit!

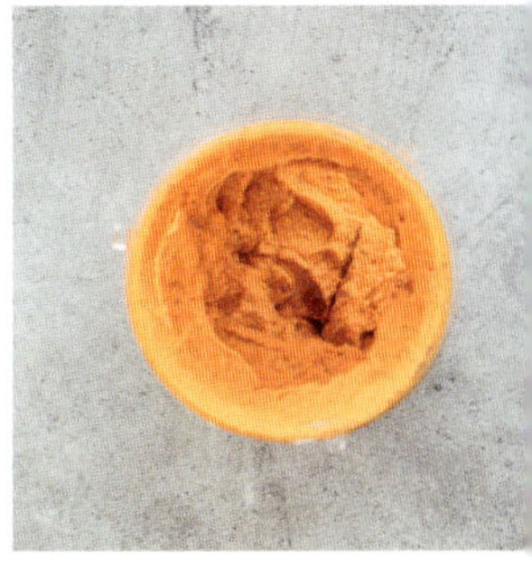

Tipps

- Man kann die Paprika auch im Ofen rösten.
- Der Aufstrich hält sich in einem verschlossenen Behälter oder Glas etwa 5 Tage im Kühlschrank.

Knoblauchsauce

Zubereitung: 1 Minuten

Zutaten für 4 Portionen

200 g vegane Crème fraîche (oder selbst gemachter Cashew-Frischkäse)
2 Knoblauchzehen, gepresst
2 EL Schnittlauch, gehackt (oder andere frische oder TK-Kräuter wie Petersilie, Dill, Basilikum)
Salz und Pfeffer

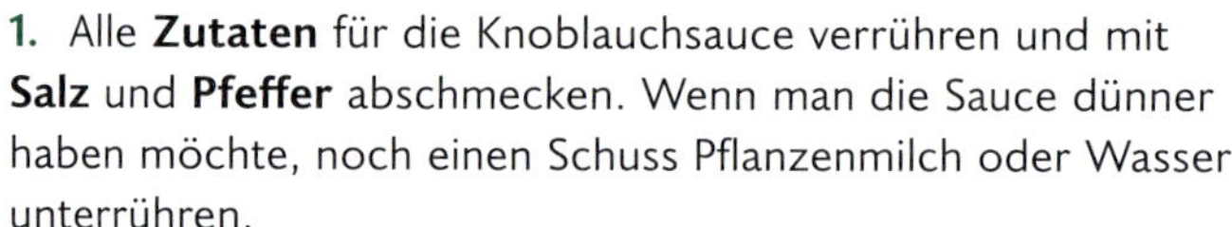

1. Alle **Zutaten** für die Knoblauchsauce verrühren und mit **Salz** und **Pfeffer** abschmecken. Wenn man die Sauce dünner haben möchte, noch einen Schuss Pflanzenmilch oder Wasser unterrühren.
2. Entweder sofort servieren oder für einen Tag im Kühlschrank aufbewahren, damit sich die Aromen entfalten können.

Nährwerte pro Portion: 147 kcal, Fett 15 g, KH 2 g, EW 1 g. Frei von raffiniertem Zucker, glutenfrei.

Tipp

♥ Die vegane Knoblauchsauce hält sich in einem Schraubglas bis zu 1 Woche im Kühlschrank. Je länger sie durchzieht, umso aromatischer wird sie.

Kräuter-Dip

Zubereitung: 3 Minuten

Zutaten für 4 Portionen

250 g ungesüßter Sojaquark Natur (z. B. »Skyr-Style«)
2 Knoblauchzehen (oder 1 TL Knoblauchpulver)
½ Bund frische Petersilie (25 g), oder andere Kräuter, (z. B. Dill, Schnittlauch, Basilikum, Kresse etc.)
2 EL Zitronensaft (oder Limettensaft)
1 TL Ahornsirup (oder ein anderes Süßungsmittel)
Salz und Pfeffer

Nährwerte pro Portion: 50 kcal, Fett 2 g, KH 2 g, EW 4 g. Frei von raffiniertem Zucker, glutenfrei.

1. **Sojaquark, Knoblauch, Petersilie, Zitronensaft, Ahornsirup** sowie **Salz** und **Pfeffer** in einen Mixer oder in eine Küchenmaschine geben und so lange pürieren, bis eine cremige Konsistenz erreicht ist.
2. Den Kräuter-Dip in eine Schale geben und mit Brot, Gemüse, Falafel, Nuggets, Bratlingen, auf Burgern etc. servieren.

Tipps

♥ Statt Sojaquark lässt sich auch eine andere cremige Joghurtalternative oder vegane Mayo verwenden.
♥ Für einen mediterranen Touch bieten sich typische Kräuter wie z. B. Basilikum, Oregano, Thymian oder Rosmarin an.
♥ Sollte der Dip zu fest sein, kann man noch etwas Wasser oder ungesüßte Pflanzenmilch hinzufügen.
♥ Wer den Dip reichhaltiger mag oder als cremiges Dressing bzw. als Kräuter-Sauce verwenden möchte, kann noch einen Schuss Öl unterrühren.

Kürbis-Hummus

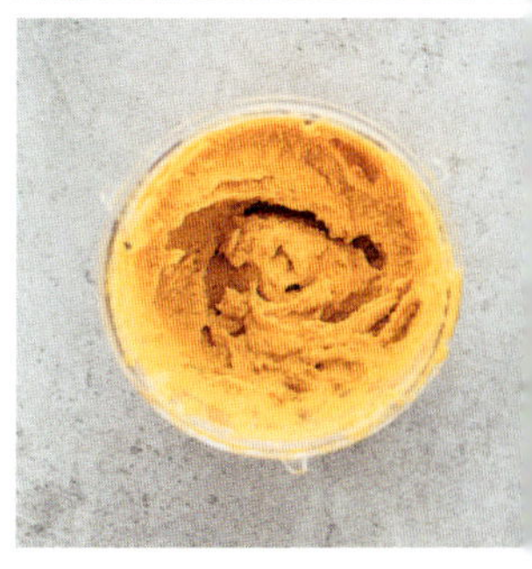

Vorbereitung: 5 Minuten
+ 10–20 Minuten Garzeit
Zubereitung: 5 Minuten

Zutaten für 4 Portionen

300 g Kürbis (z. B. Hokkaido, ergibt ca. 200 g Kürbispüree)
1 Dose Kichererbsen (240 g Abtropfgewicht), abgespült und abgetropft
3 EL Tahini (Sesammus)
2 Knoblauchzehen
Saft von ½ Zitrone (oder Limette)
½ TL Salz (oder nach Geschmack)
½ TL Kreuzkümmel, gemahlen
½ TL Paprikapulver, edelsüß (oder Cayennepfeffer oder Chilipulver nach Geschmack)

Nach Belieben zum Garnieren

Olivenöl
Petersilie (oder Koriander)
Sesam (oder Kürbiskerne)
Granatapfelkerne

Nährwerte pro Portion: 177 kcal, Fett 8 g, KH 21 g, EW 7 g. Frei von raffiniertem Zucker, glutenfrei.

1. Den **Kürbis** entkernen, bei Bedarf schälen, in Würfel schneiden und ca. 10 Minuten im Topf dämpfen oder ca. 20 Minuten im Ofen garen, bis er weich ist.
2. Anschließend kurz ausdampfen lassen. Dann zusammen mit den **Kichererbsen,** der **Tahini,** dem **Knoblauch,** dem **Zitronensaft** und den **Gewürzen** in einem kleinen Mixer oder mit dem Pürierstab cremig pürieren, dabei Wasser bis zur gewünschten Konsistenz hinzufügen.
3. Den Hummus in einer Schale anrichten und nach Belieben mit etwas **Olivenöl, Petersilie, Sesam** und **Granatapfelkernen** garnieren.
4. Als Dip zu beliebigen Snacks oder Buddha Bowls servieren oder als Aufstrich für Kürbisbrötchen (S. 41), Brot, Burger oder Tortillas verwenden.

Guten Appetit!

Tipps

- Hokkaido-Kürbis muss nicht geschält werden, da die Schale nach dem Kochen/Backen weich wird. Man kann sie also einfach mit pürieren.
- Wer für die Herstellung des Kürbispürees stattdessen Butternut-Kürbis oder eine andere Kürbis-Art verwendet, muss die Schale entfernen, da sie zu hart ist. Man kann sie nach dem Garen aber ganz einfach abziehen.
- Restlichen Hummus in einem verschlossenen Behälter im Kühlschrank aufbewahren und innerhalb von einer Woche aufbrauchen.

Saté-Sauce (Erdnusssauce)

Zubereitung: 3 Minuten

Zutaten für 4 Portionen

80 g Erdnussmus
1 Knoblauchzehe, gepresst
1 kleines Stück Ingwer, gerieben
2 EL Tamari-Sauce (oder andere Sojasauce)
2 EL Ahornsirup (oder Agavendicksaft)
1 EL Sesamöl, geröstet
1 EL Reisessig (oder nach Geschmack)
2 TL Sriracha-Sauce (oder Chili oder Sambal Oelek nach Geschmack)
Ca. 2 EL Limettensaft (oder nach Geschmack)

1. Einfach alle **Zutaten** in einem Mixer oder mit einem Pürierstab cremig mixen (oder in einer Schüssel glatt rühren). Bei Bedarf etwas Wasser hinzugeben, bis die gewünschte Konsistenz erreicht ist.
2. Passt perfekt als Dip zu Gemüsesticks oder Fingerfood-Snacks oder als Sauce zur Reisnudel-Bowl (S. 151).

Nährwerte pro Portion: 190 kcal, Fett 13 g, KH 11 g, EW 6 g.
Frei von raffiniertem Zucker, glutenfrei.

♥ **Schärfe:** Der Schärfegrad kann je nach Vorliebe angepasst werden. Wenn man es schärfer mag, einfach mehr Sriracha oder Chili verwenden. Wenn man es eher milder mag, kann man die Sriracha auch durch eine mildere süße Chili-Sauce ersetzen und dann dafür weniger Ahornsirup verwenden.
♥ **Aufbewahrung/Haltbarkeit:** Die Erdnusssauce ist in einem verschlossenen Glas bis zu 1 Woche im Kühlschrank haltbar. Sie wird am nächsten Tag sogar noch besser schmecken, da dann alle Aromen durchgezogen sind. Wenn die Sauce beim Abkühlen zu dickflüssig wird, einfach etwas Wasser oder etwas Kokosmilch einrühren, bis die Konsistenz wieder stimmt. Oder kurz in der Mikrowelle oder bei schwacher Hitze auf dem Herd erwärmen, damit sie wieder etwas flüssiger wird.
♥ **Einfrieren:** Für eine längere Lagerung kann die Sauce auch eingefroren und bei Bedarf aufgetaut werden.

Pico de Gallo (mexikanische Salsa)

Zubereitung: 5 Minuten
+ mind. 15 Minuten Kühlzeit

Zutaten für 4 Portionen

4 feste reife Tomaten (ca. 600 g)
1 rote Zwiebel
1 Bund Koriander (ca. 20 g)
1 Jalapeño oder Serrano-Chili
1 Knoblauchzehe
2 EL Limettensaft (oder mehr nach Geschmack)
½ TL Salz (oder mehr nach Geschmack)
½ TL Pfeffer (oder mehr nach Geschmack)

Nährwerte pro Portion: 44 kcal, Fett 0 g, KH 10 g, EW 2 g. Frei von raffiniertem Zucker, glutenfrei.

1. Die **Tomaten** in kleine Würfel schneiden. **Zwiebel** und **Koriander** fein hacken. **Jalapeño/Serrano-Chili** entkernen und ebenfalls fein hacken. **Knoblauchzehe** abziehen und reiben.
2. Alles in eine Schüssel geben, **Limettensaft, Salz** und **Pfeffer** hinzufügen und das Ganze vorsichtig vermengen. Mindestens 15 Minuten oder länger im Kühlschrank ziehen lassen, damit sich die Aromen entfalten können.
3. Die Pico-de-Gallo-Salsa als Dip zu Tortillas, Tacos, Quesadillas, Nachos oder auf geröstetem Baguette oder Brot servieren.

Guten Appetit!

Tipps

♥ **Tomaten:** Für Pico de Gallo sind dunkelrote, aromatische und feste Tomaten am besten geeignet. Sie sollten nicht überreif und weich sein. Sorten wie Romatomaten oder Rispentomaten sind eine gute Wahl, aber man kann auch knackige Heirloom-Tomaten oder kleine Cherry-Tomaten verwenden.
♥ **Chili:** In Mexiko nimmt man grüne Jalapeños oder Serranos, lassen sich aber keine finden, kann man auch grüne Chili oder rote Chili nehmen.
♥ **Abwechslung:** Wer mag, kann einen Teil der Tomaten durch Paprika oder Gurke ersetzen oder noch eine gewürfelte Avocado hinzufügen.
♥ **Aufbewahrung:** Reste können für 4 Tage in einem verschlossenen Behälter im Kühlschrank aufbewahrt werden.

Nacho-Käse-Dip (Queso-Sauce)

Vorbereitung: 15 Minuten
Zubereitung: 5 Minuten

Zutaten für 4 Portionen
150 g Cashewkerne
120 g Salsa-Sauce (oder gehackte Tomaten und mehr Gewürze, siehe Tipps)
120 g veganer Joghurt Natur
120 ml Wasser
1 Knoblauchzehe (oder ½ TL Knoblauchpulver)
2 EL Hefeflocken
1 TL Paprikapulver, edelsüß
½ TL Chilipulver (oder nach Geschmack)
Salz und Pfeffer

Nach Belieben zum Garnieren
Gegrillter Mais
Jalapeños
Gehackte Tomaten
Koriander

Nährwerte pro Portion: 303 kcal, Fett 19 g, KH 18 g, EW 12 g. Frei von raffiniertem Zucker, glutenfrei.

1. Die **Cashewkerne** in einen Topf geben, mit Wasser bedecken und 15 Minuten köcheln lassen, damit sie weicher werden (alternativ kann man die Cashews auch über Nacht in Wasser einweichen).
2. Anschließend die Cashews abgießen, mit frischem Wasser abspülen und abtropfen lassen. Dann gemeinsam mit den restlichen **Zutaten** cremig pürieren. Bei Bedarf mehr **Wasser** bis zur gewünschten Konsistenz hinzufügen und mit **Salz** und **Pfeffer** abschmecken.
3. Nach Belieben mit gegrilltem **Mais, Jalapeños, Tomaten** und **Koriander** garnieren und als Dip zu Nachos oder anderen Fingerfood-Snacks servieren.

Tipps

- Statt Salsa-Sauce kann man auch gehackte Tomaten nehmen. Damit der Dip genauso aromatisch wird, empfiehlt es sich jedoch, eine gebratene Zwiebel oder Zwiebelpulver sowie etwas Tomaten- oder Paprikamark, Jalapeños oder mehr Chili hinzuzufügen. Wer mag, kann auch noch andere Gewürze wie Kreuzkümmel hinzugeben.
- Um den Queso-Dip warm zu servieren, diesen einfach in einem kleinen Topf bei schwacher Hitze unter gelegentlichem Rühren erwärmen. Wenn er zu dickflüssig wird, einen Schuss ungesüßte Pflanzenmilch oder Wasser hinzufügen.

Ketchup selber machen

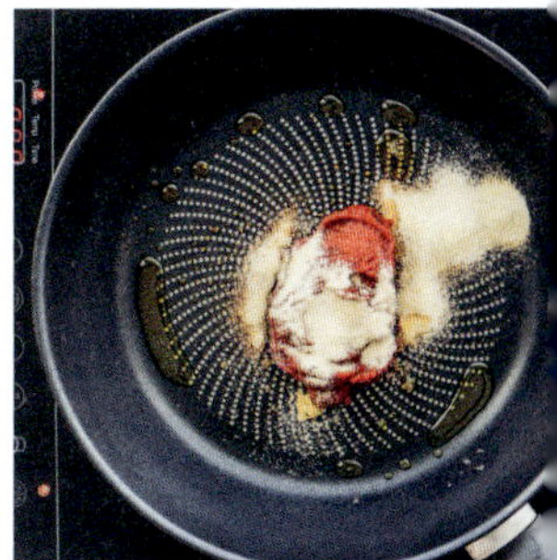

Zubereitung: 10 Minuten

Zutaten für 1 Glas

1 TL Öl
200 g Tomatenmark
2 TL Zwiebelpulver
½ TL Knoblauchpulver
150 ml Wasser
1–2 EL Apfelessig (oder heller Essig nach Geschmack)
2 EL Ahornsirup (oder anderer Sirup oder Zucker)
1 TL Chilipulver (oder nach Geschmack)
1 TL Salz

Optional

Currypulver

Nährwerte pro Glas: 484 kcal, Fett 15 g, KH 70 g, EW 13 g. Frei von raffiniertem Zucker, glutenfrei.

1. Das **Öl** in einer Pfanne auf mittlerer Stufe erhitzen. **Tomatenmark, Zwiebel-** und **Knoblauchpulver** hinzugeben und kurz anrösten. Dann mit dem **Wasser** ablöschen und aufkochen.
2. **Apfelessig, Ahornsirup, Chilipulver** und **Salz** hinzufügen und das Ganze etwa 5 Minuten köcheln lassen. (Für Curry-Ketchup außerdem das Currypulver dazugeben.)
3. Anschließend den Ketchup in ein sauberes verschließbares Glas füllen und abkühlen lassen.
4. Im Kühlschrank aufbewahrt hält sich der selbst gemachte Ketchup bis zu einer Woche.

Tipps

♥ 2 TL Zwiebelpulver kann man auch durch 1 mittlere Zwiebel ersetzen und ½ TL Knoblauchpulver durch 1–2 Knoblauchzehen. Diese einfach zu Beginn in etwas Öl 2–3 Minuten glasig braten. Dann Tomatenmark hinzugeben und kurz anrösten. Das Rezept laut Anleitung weiter zubereiten und vor dem Abfüllen mit einem Pürierstab fein pürieren.

♥ Statt 200 g Tomatenmark und 150 ml Wasser kann man auch 350 g frische geschälte Tomaten (oder Tomaten aus der Dose) nehmen. Hierbei bitte unbedingt auf die Qualität und den Reifegrad der Tomaten achten, da der Ketchup sonst nicht so fruchtig und aromatisch wird.

Schnelle Burger-Sauce

Zubereitung: 1 Minute
Reicht für 4 Burger

4 EL vegane Mayonnaise (gekauft oder selbst gemacht, S. 84)
3 EL Ketchup (gekauft oder selbst gemacht)
Sriracha-Sauce (optional, nach Geschmack)

Einfach alle **Zutaten** verrühren und Burgerbrötchen oder Patties damit bestreichen. Guten Appetit!

Nährwerte pro Burger: 83 kcal, Fett 8 g, KH 4 g, EW 0g. Frei von raffiniertem Zucker, glutenfrei.

Mayo selber machen

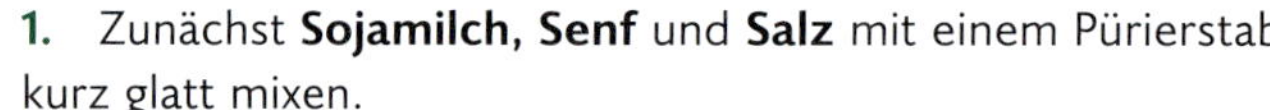

Zubereitung: 5 Minuten

Zutaten für 1 Glas

100 ml ungesüßte Sojamilch, zimmerwarm
½ TL mittelscharfer Senf
¼ TL Salz
220 g Raps- oder Sonnenblumenöl
½ EL Zitronensaft oder Essig

1. Zunächst **Sojamilch, Senf** und **Salz** mit einem Pürierstab kurz glatt mixen.
2. Auf höchster Stufe weiter mixen und dabei das **Öl** langsam hinzugeben, bis eine cremige Mayonnaise entsteht.
3. Zuletzt den **Zitronensaft** oder **Essig** hinzufügen und noch einmal durchmixen. Fertig!

Nährwerte pro Glas: 1880 kcal, Fett 304 g, KH 202 g, EW 5 g.
Frei von raffiniertem Zucker, glutenfrei.

♥ Die Mayo kann bis zu 5 Tage in einem sauberen verschlossenen Glas im Kühlschrank aufbewahrt werden.
♥ In einem weiteren Schritt lässt sich die Mayo in eine Aioli verwandeln, indem man noch eine Knoblauchzehe dazupresst.

Remoulade

Vorbereitung: 2 Minuten
Zubereitung: 1 Minute

Zutaten für 1 Glas

200 g vegane Mayo (oder zur Hälfte veganer Joghurt Natur oder »Skyr-Style«, zur anderen Hälfte vegane Mayo)
1 kleine rote Zwiebel (ca. 60 g), fein gehackt
2 Gewürzgurken, fein gehackt
3 EL frischer Dill, fein gehackt
1–2 TL mittelscharfer Senf
Salz und Pfeffer

1. Alle **Zutaten** für die Remoulade verrühren.
2. Mit **Salz** und **Pfeffer** abschmecken und dann abgedeckt im Kühlschrank ziehen lassen, während andere Beilagen wie Fisch-Frikadellen (S. 156) zubereitet werden.

Nährwerte pro Glas: 1012 kcal, Fett 101 g, KH 23 g, EW 5 g.
Frei von raffiniertem Zucker, glutenfrei.

♥ Sollte die Remoulade zu fest werden, kann man noch etwas Wasser oder ungesüßte Pflanzenmilch hinzufügen.
♥ Die Remoulade kann ca. 5 Tage in einem sauberen verschlossenen Glas im Kühlschrank aufbewahrt werden.

Minz-Joghurt-Sauce

Vorbereitung: 5 Minuten
Zubereitung: 5 Minuten

Zutaten für 4 Portionen

½ mittelgroße Gurke
1 TL Salz
350 g veganer ungesüßter Joghurt Natur
2 Knoblauchzehen, gepresst
1 TL Ingwer, gerieben (oder mehr/weniger nach Geschmack)
⅓ Bund frischer Koriander oder Petersilie, fein gehackt
1 Handvoll frische Minze, fein gehackt
⅓ TL Kreuzkümmel, gemahlen (oder nach Geschmack)
Salz und Pfeffer
1–2 EL Limetten- oder Zitronensaft (optional)

Zum Garnieren

Frische Minze

Nährwerte pro Portion: 47 kcal, Fett 2 g, KH 2 g, EW 4 g. Frei von raffiniertem Zucker, glutenfrei.

1. Die ungeschälte **Gurke** in eine Schüssel reiben. Mit 1 TL **Salz** bestreuen und 5 Minuten ziehen lassen. Dann in einem feinmaschigen Sieb abtropfen lassen und die überschüssige Flüssigkeit mit den Händen ausdrücken. Beiseitestellen.
2. Den **Joghurt** in eine andere Schüssel geben. Die ausgedrückte Gurke, den gepressten **Knoblauch**, den geriebenen **Ingwer** und den **Koriander** oder die **Petersilie** sowie die **Minze** dazugeben und alles verrühren. Mit **Kreuzkümmel, Salz, Pfeffer** und **Limetten-** oder **Zitronensaft** würzen. Anschließend abgedeckt im Kühlschrank ziehen lassen oder sofort servieren.
3. Mit frischer **Minze** garnieren und als Dip oder Sauce zu beliebigen Gerichten servieren.

♥ **Joghurt:** Ich empfehle, einen ungesüßten Soja- oder Kokosjoghurt zu nehmen, der eine dicke Konsistenz hat. Wenn sich jedoch kein dicker veganer Joghurt finden lässt, kann man auch etwas Sojaquark, Seidentofu oder veganen Schmand oder Frischkäse untermischen, um eine dickere Konsistenz zu erhalten. Rührt man noch etwas Kokoscreme oder Cashewmus oder Tahini unter, wird die Sauce cremiger. Wer die Sauce jedoch eher flüssiger mag, kann auch ganz normalen Joghurt verwenden.

♥ Die Minz-Joghurt-Sauce ist sehr vielseitig und passt zu vielen verschiedenen Gerichten. Man kann die Sauce auch abwandeln und nach Geschmack durch Gemüse und sogar frische Früchte verfeinern.

♥ Restliche Sauce kann bis zu 4 Tage abgedeckt im Kühlschrank aufbewahrt werden.

Beilagen,
Fingerfood,
Suppen

SMEG

Nudelspieße 92
Pizzaschnecken 95
Knusprige Ofenkartoffeln 96
Pommes selber machen 99
Arancini (frittierte Reisbällchen) 100
Tomatenreis – wie beim Griechen 103
Gebratene Champignons 104
Grünkern-Bratlinge 107
Rote-Linsen-Bratlinge 108
Brokkoli-Käse-Nuggets 111
Quinoa-Bratlinge 112
Bohnenbällchen – Bean Balls 115
Käse-Lauch-Suppe 116
Mamas Kürbissuppe 119
Chili Cheese Fries 120
Goldene Linsensuppe 123
Chana Masala 124

Nudelspieße

Vorbereitung: 10 Minuten
Zubereitung: 10 Minuten
+ 10 Minuten Backzeit

Zutaten für 10 Spieße

250 g Rigatoni-Nudeln (oder Penne oder andere kurze Nudeln, bei Bedarf glutenfrei)

Tomatensauce (alternativ gekaufte nehmen)

1 Zwiebel, gewürfelt
1 Knoblauchzehe, gehackt
1 EL Olivenöl
2 EL Tomatenmark
400 g passierte oder gehackte Tomaten oder eine Mischung aus beidem
1 TL getrockneter Oregano (optional)
Salz und Pfeffer
Zucker

Toppings

Champignons, in Scheiben geschnitten
Paprika, in Streifen geschnitten
Zwiebeln, gewürfelt
Oliven, in Ringe geschnitten

Zum Bestreuen

1 Handvoll veganer Reibekäse

Nach Belieben zum Garnieren

Italienische Kräuter
Veganer Parmesan (S. 137)
Frisches Basilikum

1. Die **Nudeln** in einem Topf mit Salzwasser nach Packungsanweisung al dente kochen. Anschließend durch ein Sieb abgießen und mit frischem Wasser abspülen, um den Kochvorgang zu stoppen. Abtropfen lassen und mit etwas **Öl** vermengen, damit die Nudeln nicht aneinanderkleben.
2. Während die Nudeln kochen, die Tomatensauce zubereiten. Hierfür **Zwiebel** und **Knoblauch** in heißem Öl glasig braten. Dann **Tomatenmark** und **passierte Tomaten** hinzugeben. Mit **Oregano, Salz, Pfeffer,** etwas **Zucker** würzen. Etwa 5 Minuten köcheln lassen, dabei gelegentlich umrühren. Abschmecken und bei Bedarf nachwürzen.
3. Den Ofen auf 200 °C Ober-/Unterhitze (180 °C Umluft) vorheizen und ein Backblech mit Backpapier auslegen.
4. Die Nudeln auf Spieße stecken und auf das vorbereitete Backblech legen. Mit Tomatensauce bestreichen und mit beliebigen **Toppings** belegen sowie mit veganem **Käse** bestreuen.
5. Für 8–10 Minuten backen, bis der Käse geschmolzen ist.
6. Anschließend die Spieße aus dem Ofen nehmen und nach Belieben **italienische Kräuter** und veganen **Parmesan** darüberstreuen. Mit frischem **Basilikum** garnieren und mit der übrig gebliebenen Tomatensauce servieren.

Nährwerte pro Spieß: 141 kcal, Fett 3 g, KH 24 g, EW 5 g.
Optional glutenfrei.

- Die Tomatensauce lässt sich prima auf Vorrat kochen. Nach der Zubereitung in ein sauberes Glas füllen und bis zu 5 Tage im Kühlschrank aufbewahren.
- Man kann die Nudelspieße auch in 5–7 Minuten in der Heißluftfritteuse bei 200 °C zubereiten.
- Restliche Spieße können bis zu 3 Tage im Kühlschrank aufbewahrt und bei Bedarf aufgewärmt werden.

Pizzaschnecken

Vorbereitung: 15 Minuten
+ mind. 1 Std. Ruhezeit
Zubereitung: 10 Minuten
+ 20–25 Minuten Backzeit

Zutaten für 22–24 Stück

2 Pizza-Teige, selbst gemacht oder gekauft (oder Blätterteig)

Tomaten-Topping

150 g Tomatensauce, gekauft (oder selbst gemacht, S. 92)
1 TL italienische Kräuter (optional)
Salz und Pfeffer (optional)
100 g veganer Reibekäse

Spinat-Topping

1–2 TL Olivenöl
1 Zwiebel, gehackt
2 Knoblauchzehen, gehackt
150 g veganer Frischkäse, zimmerwarm
Salz und Pfeffer
Ca. 100 g frischer Spinat (oder TK, aufgetaut und ausgedrückt)
100 g veganer Reibekäse

Nach Belieben zum Bestreichen

2–3 EL Sojasahne (z. B. Soja-Cuisine) oder Sojamilch (oder andere Pflanzensahne/-milch)
1 Prise Kurkuma (optional für eine gelbere Farbe)

Nährwerte pro Stück (bei 24 insgesamt): 131 kcal, Fett 4 g, KH 19 g, EW 4 g. Frei von raffiniertem Zucker, optional glutenfrei.

Pizza-Teig

1. Zunächst den **Pizza-Teig** laut Anleitung zubereiten (2 Hefeteige wie im Zwiebelkuchen-Rezept S. 169 – für jede Sorte 1 Teig) und mindestens 1 Stunde gehen lassen.
2. Backofen auf 200 °C Ober-/Unterhitze (oder 180 °C Umluft) vorheizen.
3. Anschließend den Pizzateig auf einer leicht bemehlten Arbeitsfläche nochmals kurz durchkneten und pro Topping-Sorte eine Hälfte Teig zu einem Rechteck ausrollen/ziehen.

Spinat-Schnecken

1. Das **Öl** in einer Pfanne auf niedriger Temperatur erhitzen. **Zwiebeln** und **Knoblauch** hinzugeben und 2–3 Minuten dünsten.
2. Den ausgerollten Pizza-Teig mit veganem **Frischkäse** bestreichen. Die Zwiebel-Knoblauch-Mischung darauf verteilen und kräftig mit **Salz** und **Pfeffer** würzen. Zuletzt noch den **Spinat** und den **Käse** darüber verteilen.
3. Den belegten Pizza-Teig von der langen Seite her aufrollen und in 10–12 Stücke schneiden.
4. Die Pizza-Schnecken auf ein mit Backpapier ausgelegtes Backblech legen und die Ränder mit etwas **Sojasahne** (mit 1 Prise **Kurkuma** verrührt) bestreichen.
5. Im vorgeheizten Ofen ca. 20–25 Minuten goldbraun backen.

Tomaten-Schnecken (Foto rechts)

1. Den ausgerollten Pizza-Teig mit **Tomatensauce** bestreichen (nach Belieben noch mit **italienischen Kräutern** sowie **Salz** und **Pfeffer** würzen). Dann **Käse** darüberstreuen und den Teig von der langen Seite her aufrollen.
2. Die Pizzarolle in 10–12 Stücke schneiden und auf ein mit Backpapier ausgelegtes Backblech legen. Die Ränder mit ein wenig **Sojasahne** (mit 1 Prise **Kurkuma** verrührt) bestreichen.
3. Im vorgeheizten Ofen ca. 20–25 Minuten goldbraun backen.

Tipps

- Wenn man nur 1 Sorte zubereiten möchte, reicht 1 Pizzateig.
- Bei Verwendung von frischer Hefe, diese vorher in Wasser + Zucker auflösen und beiseitestellen, bis die Mischung zu schäumen beginnt. Erst dann zum Mehl geben und einarbeiten.
- Pizzateig lässt sich gut vorbereiten und einfrieren.
- Restliche Pizzaschnecken kann man gut verpackt für 2–3 Tage im Kühlschrank aufbewahren oder einzeln verpackt für bis zu 3 Monate einfrieren.

Knusprige Ofenkartoffeln

Vorbereitung: 5 Minuten
Zubereitung: 5 Minuten
+ 25–30 Minuten Backzeit

Zutaten für 2 Portionen

500 g Drillinge oder andere Kartoffeln
1 EL Mais-/Speisestärke
2 TL Paprikapulver, edelsüß (oder andere beliebige Gewürze)
2 EL Olivenöl (oder anderes Öl)
Salz und Pfeffer

Nach Belieben zum Servieren

Nacho-Käse-Dip (S. 80)

Nährwerte pro Portion: 361 kcal, Fett 15 g, KH 52 g, EW 12 g. Frei von raffiniertem Zucker, glutenfrei.

1. Den Ofen auf 200 °C Ober-/Unterhitze vorheizen.
2. Die **Kartoffeln** waschen und gut trocknen. Dann je nach gewünschter Größe halbieren oder vierteln.
3. Die geschnittenen Kartoffeln in eine große Schüssel geben. **Speisestärke** und **Paprikapulver** darüberstreuen und gut vermengen, bis alle Kartoffelstücke gleichmäßig bedeckt sind. **Olivenöl,** etwas **Salz** und **Pfeffer** hinzugeben und nochmal durchmischen.
4. Die gewürzten Kartoffelstücke auf ein mit Backpapier ausgelegtes Backblech geben und gleichmäßig mit genügend Abstand zueinander verteilen.
5. Im vorgeheizten Ofen 15 Minuten rösten. Dann einmal durchmischen und weitere 10–15 Minuten rösten, je nach Größe der Kartoffelstücke, bis sie gebräunt und knusprig sind.
6. Anschließend aus dem Ofen nehmen, als Beilage zu anderen Gerichten oder einfach so als Snack mit dem **Nacho-Käse-Dip** oder anderen Dips servieren.

Guten Appetit!

♥ Damit die Kartoffeln besonders knusprig werden, sollte man sie nach dem Schneiden 10–20 Minuten in kaltem Wasser einweichen. Anschließend in frischem Wasser gut auswaschen, erneut abspülen und trocken rubbeln (dadurch wird die Stärke ausgewaschen). Dann wie im Rezept beschrieben würzen und backen. Salz erst zum Schluss hinzufügen.

♥ **Gewürze:** Wer mag, kann noch andere Gewürze hinzufügen wie Knoblauchpulver, Zwiebelpulver, Chili, Pommes- oder Bratkartoffel-Gewürz, getrocknete oder frische Kräuter wie Rosmarin, Thymian etc.

♥ Man kann die Kartoffeln auch im Voraus schneiden und würzen und dann für mehrere Monate in Gefrierbeuteln einfrieren. Dann noch 2 EL Maisstärke hinzufügen, damit die Feuchtigkeit gebunden wird. Es ist nicht notwendig, die Kartoffeln vor der Zubereitung aufzutauen, sie können sofort auf das Backblech gelegt und in den Ofen geschoben werden. So kann man jederzeit ohne viel Aufwand schnell und unkompliziert ein paar Ofenkartoffeln zubereiten!

Pommes selber machen

Vorbereitung: 10 Minuten
Zubereitung: 30 Minuten

Zutaten für 4 Portionen
1 kg Kartoffeln, mehlig kochend
1–2 EL Maisstärke (oder Reismehl)
1 TL Paprikapulver, edelsüß (oder andere Gewürze wie Chilipulver, optional)
3 EL Öl
Salz

Nährwerte pro Portion: 256 kcal, Fett 10 g, KH 34 g, EW 3 g.
Frei von raffiniertem Zucker, glutenfrei.

1. Den Backofen samt Backblech auf 220 °C Ober-/Unterhitze vorheizen.
2. Die **Kartoffeln** schälen und in etwa 1 cm dicke Stifte schneiden.
3. Die Stifte zunächst unter fließendem Wasser gut abspülen und anschließend in einer Schüssel mit frischem Wasser ca. 10 Minuten einweichen, sodass die austretende Stärke so gut es geht ausgewaschen wird. Anschließend die Kartoffeln mit einem sauberen Geschirrtuch oder Küchenpapier gründlich (!) trocken rubbeln.
4. Die abgetrockneten Pommes mit **Maisstärke** (und optional **Paprikapulver**) vermengen, sodass alle Stifte gleichmäßig bedeckt sind. Nun mit **Öl** beträufeln und nochmal kurz vorsichtig durchmischen.
5. Das vorgeheizte Backblech mit Backpapier auslegen und die Pommes darauf verteilen. Dann insgesamt ca. 25–30 Minuten goldbraun und knusprig backen, nach 10–15 Minuten einmal wenden.
6. Sobald die Pommes goldbraun und knusprig sind, mit **Salz** würzen und sofort servieren.

Guten Appetit!

- Kartoffeln nicht zu dick schneiden – je dünner, umso knuspriger werden sie!
- Die ausgewaschenen und sorgsam trocken geriebenen Kartoffelstifte gleichmäßig mit Maisstärke ummanteln. Dies bindet das überschüssige Wasser, lässt das Öl besser haften und bildet eine wunderbare Kruste!
- Den Ofen gut vorheizen, denn er muss richtig heiß sein, wenn die Pommes hineinwandern!
- Ausreichend Abstand zwischen den einzelnen Pommes lassen, damit der Dampf entweichen kann und die Pommes knusprig werden und nicht im eigenen Dampf »garen«!
- Bitte erst zum Schluss salzen!
- Optional kann man die Pommes auch in einer Heißluftfritteuse (Airfryer) zubereiten.

Arancini (frittierte Reisbällchen)

Vorbereitung: 40 Minuten
+ Kühlzeit über Nacht
Zubereitung: 10 Minuten

Zutaten für 10 Stück
4 Portionen Risotto (S. 165)

Pilzfüllung
½ EL Olivenöl (oder anderes Pflanzenöl) zum Braten
200 g Champignons, grob gewürfelt
1 Zwiebel, gewürfelt
2 Knoblauchzehen, gehackt
2 EL Tamari-Sauce (oder andere Sojasauce)
Frischer Thymian (oder andere Kräuter)
Salz und Pfeffer
2–3 EL veganer Parmesan (S. 137) (oder veganer Reibekäse)

Für die Panade
75 g Mehl (bei Bedarf glutenfrei)
120 ml Pflanzenmilch
75 g Paniermehl (bei Bedarf glutenfrei)

Außerdem
1 l Pflanzenöl zum Frittieren

Nach Belieben zum Servieren
Tomatensauce (S. 92)

Nach Belieben zum Garnieren
Frische Petersilie
Minze

Nährwerte pro Stück: 342 kcal, Fett 16 g, KH 39 g, EW 8 g. Frei von raffiniertem Zucker, optional glutenfrei.

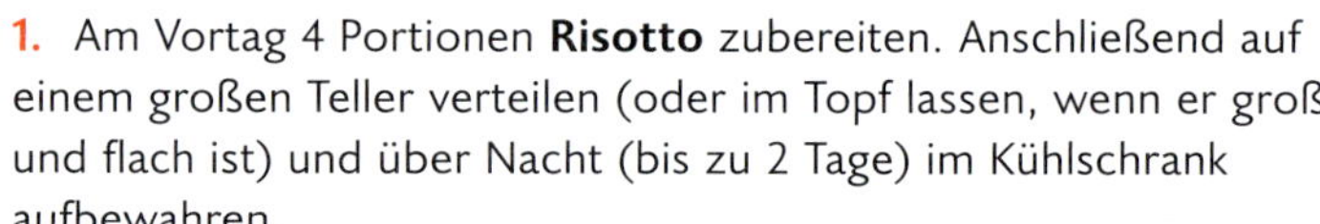

1. Am Vortag 4 Portionen **Risotto** zubereiten. Anschließend auf einem großen Teller verteilen (oder im Topf lassen, wenn er groß und flach ist) und über Nacht (bis zu 2 Tage) im Kühlschrank aufbewahren.
2. Ebenfalls noch am Vortag das **Öl** in einer Pfanne auf mittlerer Stufe erhitzen und die **Champignons** darin ca. 4–5 Minuten goldbraun anbraten. Die **Zwiebeln** hinzufügen und ca. 2–3 Minuten glasig braten. Dann den **Knoblauch** dazugeben und eine Minute mitrösten, dabei gelegentlich umrühren. Mit **Tamari-Sauce** ablöschen und einkochen lassen, bis die Flüssigkeit verdunstet ist. Nach Geschmack mit etwas **Thymian, Salz** und **Pfeffer** würzen.
3. Die Pilz-Zwiebel-Mischung in eine Küchenmaschine geben oder mit einem Pürierstab so pürieren, dass sie noch leicht stückig bleibt. Nach Belieben etwas veganen **Parmesan** oder anderen Käse unterrühren, bis alles gut zusammenhält. Anschließend ebenfalls über Nacht in den Kühlschrank stellen.
4. Am nächsten Tag jeweils nach gewünschter Größe eine Portion Risotto (ca. 60 g) abnehmen und daraus ein Bällchen formen. Mit dem Daumen eine Kuhle in die Mitte drücken, etwas Füllung hineingeben und mit einem zusätzlichen Stück Risotto verschließen.
5. Diesen Vorgang mit dem restlichen Teig und der Füllung fortsetzen, bis alle Bällchen geformt sind.
6. Die Reisbällchen zuerst in **Mehl,** dann in der **Pflanzenmilch** und zum Schluss im **Paniermehl** wenden.
7. Eine tiefe Pfanne oder einen großen Topf mit Öl erhitzen. Sobald es an einem Holzstäbchen Blasen wirft, ist es heiß genug.
8. Die Arancini portionsweise in das heiße Öl geben und ca. 3–4 Minuten goldbraun ausbacken, dabei gelegentlich mit einer Schaumkelle wenden. Anschließend herausnehmen und auf Küchenpapier abtropfen lassen.
9. Auf Tellern anrichten und mit **Tomatensauce** oder anderen beliebigen Dips oder Saucen servieren und nach Belieben mit frischer **Petersilie** oder **Minze** garnieren.

Tipps

♥ Arancini lassen sich auch mit anderen Risotto-Rezepten wie Tomaten-Risotto, Kürbis-Risotto, Spinat-Risotto, Zucchini-Mais-Risotto oder Spargel-Risotto zubereiten.

♥ Die restliche Füllung kann man für andere Rezepte verwenden wie z. B. für gefüllte Kartoffelklöße, Piroggen oder Ravioli, oder man isst sie einfach auf Brot, als Pesto zu Nudeln oder nutzt sie als Würzpaste in einer Gemüsepfanne.

BIANCA ZAPATKA

Tomatenreis – wie beim Griechen

Zubereitung: 25 Minuten

Zutaten für 4 Portionen
250 g Langkornreis, parboiled
500 ml Gemüsebrühe (oder Salzwasser)
1 Zwiebel
2 Knoblauchzehen
3 EL Olivenöl
2 EL Tomatenmark
1 EL Gyrosgewürz, gekauft oder selbst gemacht (siehe Tipps)
250 g passierte Tomaten (oder frische gewürfelte Tomaten)
1 TL Agavendicksaft (oder anderer Sirup oder Zucker nach Geschmack)
Salz und Pfeffer

Nach Belieben zum Servieren
Krautsalat (S. 67)
Bohnenbällchen (S. 115)
Minz-Joghurt-Sauce (S. 87)

Zum Garnieren
Frische Petersilie

Nährwerte pro Portion: 363 kcal, Fett 4 g, KH 60 g, EW 6 g. Frei von raffiniertem Zucker, glutenfrei.

1. Zunächst den **Reis** nach Packungsanweisung in der **Gemüsebrühe** oder in gesalzenem **Wasser** kochen.
2. Währenddessen die **Zwiebel** und den **Knoblauch** hacken. Das **Öl** in einer tiefen Pfanne oder einem Topf auf mittlerer Stufe erhitzen und die Zwiebel ca. 3 Minuten andünsten. Dann den Knoblauch hinzufügen und 30 Sekunden anrösten. Als Nächstes **Tomatenmark** und **Gewürze** einrühren und kurz anschwitzen. Mit passierten **Tomaten** ablöschen, **Agavendicksaft** unterrühren und die Tomatensauce 10 Minuten zugedeckt köcheln lassen.
3. Anschließend den Reis unterrühren. Abschmecken und bei Bedarf nachwürzen.
4. Den Reis nach Belieben mit **Krautsalat, Bohnenbällchen** und **Minz-Joghurt-Sauce** servieren. Mit **Petersilie** bestreuen und genießen!

- **Gyros-Gewürzmischung:** 1½ TL italienische Kräutermischung (Oregano, Thymian, Basilikum, Rosmarin), ½ TL edelsüßes Paprikapulver, ½ TL gemahlener Kreuzkümmel, ½ TL getrockneter Koriander, ¼ TL Cayennepfeffer.
- Die Flüssigkeitsmenge und Kochzeit kann je nach verwendeter Reissorte variieren. Daher bitte immer die Packungsanweisung beachten.
- Der Tomatenreis hält sich ein paar Tage im Kühlschrank, wird jedoch mit der Zeit trockener.

Gebratene Champignons

Vorbereitung: 5 Minuten
Zubereitung: 10 Minuten

Zutaten für 2 Portionen
500 g kleine Champignons
2 EL Olivenöl zum Braten
1 Zwiebel, gehackt
1–2 Knoblauchzehen, gehackt
Salz und Pfeffer
2 EL Petersilie, gehackt
(oder andere Kräuter)

Nach Belieben zum Servieren
Knoblauchsauce (S. 72)
Baguette oder geröstetes Brot

Nährwerte pro Portion: 157 kcal, Fett 8 g, KH 15 g, EW 9 g. Frei von raffiniertem Zucker, glutenfrei.

1. Zunächst die **Knoblauchsauce** gemäß Rezept zubereiten, damit sie ein wenig durchziehen kann und aromatischer wird.
2. Die **Champignons** mit einem Küchentuch oder einem Pinsel putzen und die bräunlichen Stellen am unteren Ende des Pilzstiels abschneiden (kleine Champignons kann man ganz lassen, große Champignons ggf. vierteln).
3. Das **Olivenöl** in einer Pfanne auf hoher bis mittlerer Stufe erhitzen. Die Champignons hineingeben und für 5–6 Minuten kräftig anbraten.
4. Dann die **Zwiebel** und den **Knoblauch** hinzugeben und auf niedriger bis mittlerer Hitze für weitere 3 Minuten goldbraun braten.
5. Die Champignons mit **Salz** und **Pfeffer** würzen und die **Petersilie** unterheben.
6. Im Anschluss mit der cremigen Knoblauchsauce und frischem **Baguette** oder geröstetem **Brot** servieren.

Tipps

- Zu den Champignons passen auch andere leckere Dips wie der Kräuter-Dip (S. 72), Sour Cream, Aioli (siehe Abwandlung der veganen Mayo, S. 84) etc.
- Man kann dieses Rezept auch mit anderen Pilzsorten wie Pfifferlingen, Steinpilzen, Kräuterseitlingen, Austernpilzen oder Portobellos zubereiten.
- Restliche Champignons kann man in einem verschlossenen Behälter 1–2 Tage im Kühlschrank aufbewahren und dann kalt auf Brot oder mit Salat essen oder kurz in der Pfanne erwärmen. Sie lassen sich auch bis zu 3 Monate einfrieren.

Grünkern-Bratlinge

Vorbereitung: 25 Minuten
+ 20 Minuten Ruhezeit
Zubereitung: 10 Minuten

Zutaten für 12 Stück

400 ml Gemüsebrühe
200 g Grünkernschrot (oder anderes geschrotetes Getreide)
1 große Karotte
½ Bund Petersilie (+ mehr zum Garnieren)
1 Zwiebel
4 Knoblauchzehen
2 TL Pflanzenöl (+ 2 EL zum Braten)
2 EL Hefeflocken
1 EL Tomatenmark
1–2 TL mittelscharfer Senf
Salz und Pfeffer
2–3 EL Leinmehl (oder 3–4 EL Haferflocken, bei Bedarf glutenfrei)
3 EL (glutenfreies) Paniermehl (oder gemahlene Nüsse oder Kerne/Saaten)

Dill-Gurken-Salat

1 Gurke, fein gehobelt
1 Zwiebel, fein gehackt
1–2 EL gehackter Dill
2–3 EL Kräuteressig
1 EL Öl
1 EL Agavendicksaft (oder Zucker)
Salz und Pfeffer

Nährwerte pro Stück, mit jeweils etwas Salat: 123 kcal, Fett 3 g, KH 18 g, EW 5 g. Frei von raffiniertem Zucker, optional glutenfrei.

1. Die **Gemüsebrühe** und den **Grünkernschrot** in einem Topf aufkochen. Dann den Herd ausschalten und den Grünkernschrot 15–20 Minuten (oder gemäß Packungsanweisung) quellen lassen.
2. Währenddessen die **Karotte** fein raspeln und die **Petersilie,** die **Zwiebel** und den **Knoblauch** fein hacken.
3. Etwa 2 TL **Öl** in einer kleinen Pfanne auf mittlerer Stufe erhitzen und die Zwiebel ca. 2–3 Minuten glasig braten. Dann den Knoblauch hinzufügen und 1 weitere Minute braten.
4. Den gequollenen Grünkern, die Karotten, Petersilie, Zwiebeln, Knoblauch, **Hefeflocken,** das **Tomatenmark,** den **Senf** und etwas **Salz** und **Pfeffer** in eine Schüssel geben. Zuletzt das **Leinmehl** darüberstreuen und alles zu einer Masse verkneten. Abschmecken und bei Bedarf nachwürzen.
5. Die Schüssel mit einem Tuch locker abdecken und mind. 20 Minuten (oder über Nacht im Kühlschrank) ruhen lassen, damit das Leinmehl quellen kann (sollte die Masse im Anschluss immer noch zu weich sein, kann man noch Mehl, Hefeflocken oder Semmelbrösel untermischen). In der Zwischenzeit alle Zutaten für den **Dill-Gurken-Salat** vorbereiten und vermengen.
6. Die Hände leicht anfeuchten, aus der Masse 12 Bratlinge zu je 60–65 g formen und in etwas **Paniermehl** wälzen.
7. Etwa 2 EL Öl in einer großen Pfanne erhitzen und die Bratlinge bei mittlerer Hitze von jeder Seite 4 Minuten goldbraun und knusprig braten (die Patties erst wenden, wenn die Unterseite goldbraun und kross ist, damit sie nicht auseinanderfallen).
8. Die Bratlinge auf dem Salat anrichten und mit Petersilie bestreuen.

Tipps

- Bitte nicht zu viel Gemüsebrühe/Wasser nehmen, sonst wird das Getreide zu weich! Immer die Packungsanweisung beachten.
- Gerne kann man auch andere Gewürze verwenden oder weitere hinzufügen wie Paprika, Kreuzkümmel, Currypulver etc.
- Statt Petersilie lassen sich auch andere Kräuter wie Schnittlauch, Koriander, Petersilie, Thymian, Basilikum oder Oregano verwenden oder zusätzlich dazumischen. Auch grünes Blattgemüse wie Spinat, Rucola oder Mangold sind eine gute Wahl.
- Wer noch weiteres Gemüse wie Zucchini, Karotten, Aubergine, Paprika, Mais etc. hinzufügen möchte, sollte noch Mehl oder Haferflocken hinzugeben, um die Mischung zu binden.
- Wer mag, kann noch (gehackte) Nüsse, Kerne oder Saaten hinzufügen. Für noch mehr Geschmack kann man sie vorher in einer Pfanne kurz anrösten.
- Übrig gebliebene Bratlinge halten sich in einem luftdichten Behälter bis zu 5 Tage im Kühlschrank und können auch eingefroren werden.

Rote-Linsen-Bratlinge

Vorbereitung: 10 Minuten
+ 1–2 Std. Kühlzeit
Zubereitung: 20 Minuten

Zutaten für 12 Stück

200 g rote Linsen
1 TL Olivenöl (+ mehr zum Braten der Bratlinge)
1 rote Zwiebel, fein gehackt
2 große Knoblauchzehen, fein gehackt
1 Chilischote, entkernt und fein gehackt
2 EL Hefeflocken
2 TL Kreuzkümmel, gemahlen
2 TL Paprikapulver, edelsüß
60 g Vollkornmehl (oder gemahlene Haferflocken, bei Bedarf glutenfrei, oder Kichererbsenmehl)
Salz und Pfeffer

Nach Belieben zum Garnieren

Frische Petersilie

Nach Belieben zum Servieren

Guacamole

Nährwerte pro Stück: 99 kcal, Fett 1 g, KH 15 g, EW 7 g. Frei von raffiniertem Zucker, optional glutenfrei.

1. Die **Linsen** nach Packungsanweisung in gesalzenem Wasser 10 Minuten kochen. Sollte anschließend in dem Topf noch Flüssigkeit sein, die Linsen in einem feinmaschigen Sieb abtropfen lassen.
2. Währenddessen **Olivenöl** in einer Pfanne auf mittlerer Stufe erhitzen und die **Zwiebel** 2–3 Minuten glasig dünsten. Dann den **Knoblauch** hinzugeben und 1 weitere Minute anrösten.
3. Die gekochten Linsen mit den gebratenen Zwiebeln und dem Knoblauch, der **Chilischote,** den **Hefeflocken,** dem **Kreuzkümmel,** dem **Paprikapulver,** dem **Vollkornmehl** sowie etwas **Salz** und **Pfeffer** in einer Schüssel vermengen. Anschließend die Mischung 1–2 Stunden (oder über Nacht) im Kühlschrank abkühlen lassen. (Wenn die Mischung nach der Kühlzeit noch zu weich ist, kann man mehr Mehl hinzufügen. Sie sollte aber auch nicht zu fest sein, damit die Bratlinge innen cremig bleiben und nicht nur nach Mehl schmecken.)
4. Mit leicht angefeuchteten Händen 12 flache Bratlinge aus der Masse formen. Öl in einer Pfanne bei mittlerer Temperatur erhitzen und die Taler von jeder Seite ca. 4–5 Minuten anbraten, bis sie goldbraun und knusprig sind. (Bitte nicht zu früh wenden, damit die Bratlinge nicht zerfallen.)
5. Die Linsen-Bratlinge nach Belieben mit frischer **Petersilie** bestreuen und mit **Guacamole** oder einem anderen Dip nach Wahl servieren.

- Wer andere Linsen verwendet, sollte die Kochzeit entsprechend der Packungsanweisung anpassen.
- Für noch mehr Geschmack und Textur kann man einige gehackte Nüsse oder Kerne hinzugeben. Noch aromatischer werden sie, wenn man sie vorher kurz in einer Pfanne röstet.
- Man kann auch andere Gewürze verwenden oder weitere Gewürze hinzufügen.
- Restliche Bratlinge halten sich in einem luftdichten Behälter bis zu 5 Tage im Kühlschrank und können auch eingefroren werden.

Brokkoli-Käse-Nuggets

Vorbereitung: 15 Minuten
Zubereitung: 10 Minuten
+ 15–20 Minuten Backzeit

Zutaten für 18 Stück

300 g Brokkoliröschen (von einem 500-g-Brokkoli-Kopf)
1 TL Rapsöl zum Braten
1 Zwiebel, fein gewürfelt
2 Knoblauchzehen, gehackt
½ Bund frische Petersilie (25 g, oder andere Kräuter)
80 g Sojaquark Natur (z. B. »Skyr-Style«)
2 EL Kichererbsenmehl (16 g)
1 EL Leinmehl (8 g, oder 2 TL gemahlene Flohsamenschalen)
2 ½ EL Hefeflocken (oder veganer Parmesan, S. 137)
1 TL Salz (oder nach Geschmack)
½ TL Pfeffer (oder nach Geschmack)
80 g veganer Käse, gerieben
Ölspray oder etwas Öl zum Bestreichen

Nach Belieben zum Servieren

Kräuter-Dip (S. 72)
Ketchup (S. 83)
Zitronenscheiben

Nach Belieben zum Garnieren

Sesam
Minze

Nährwerte pro Stück: 35 kcal, Fett 2 g, KH 2 g, EW 1 g. Frei von raffiniertem Zucker, glutenfrei.

1. Die **Brokkoliröschen** in einem Dampfgarer (oder einem Topf mit Gareinsatz) ca. 8–10 Minuten garen, bis der Brokkoli zart, aber noch bissfest ist. Anschließend abschrecken und mit Küchenpapier trocken tupfen.
2. Währenddessen das **Rapsöl** in einer Pfanne auf mittlerer Stufe erhitzen und die **Zwiebel** 2–3 Minuten anschwitzen. Dann den **Knoblauch** hinzugeben und eine weitere Minute braten.
3. Den Brokkoli zusammen mit der gebratenen Zwiebel-Knoblauch-Mischung und der **Petersilie** in einen Food-Processor geben und grob zerkleinern (aber bitte nicht cremig mixen).
4. Anschließend die Masse in eine große Schüssel geben. **Sojaquark, Kichererbsenmehl, Leinmehl, Hefeflocken** und **Salz** und **Pfeffer** hinzugeben und alles miteinander vermengen. Dann den veganen **Käse** unterrühren und abschmecken.
5. Den Backofen auf 180 °C Umluft (oder 200 °C Ober-/Unterhitze) vorheizen.
6. Aus der Masse ca. 18 Nuggets zu je 30 g formen (Kroketten oder Taler).
7. Die Nuggets auf ein mit Backpapier ausgelegtes Backblech legen, mit etwas **Ölspray** besprühen (oder mit **Öl** bepinseln) und ca. 15–20 Minuten goldbraun backen.
8. Anschließend etwa 5 Minuten abkühlen lassen (damit die Nuggets etwas fester werden).
9. Die Nuggets mit dem **Dip, Ketchup** und **Zitronenscheiben** servieren. Nach Belieben mit etwas **Sesam** und **Minze** garnieren.

Tipps

♥ Ich habe eine traditionelle Panade weggelassen, um diese Nuggets kohlenhydratarm und glutenfrei zu halten. Wer sie aber knuspriger haben möchte, kann sie vor dem Backen panieren und mit Öl bepinseln oder mit etwas Ölspray besprühen.

♥ Man kann die Nuggets auch in einem Airfryer zubereiten oder in einer Pfanne braten (vorher in etwas Paniermehl oder Mehl wälzen, damit sie beim Braten ihre Form behalten).

♥ Die Nuggets können gut im Voraus zubereitet und eingefroren werden. Dazu die geformten Nuggets zunächst mit Maisstärke bestäuben und mit etwas Abstand nebeneinander auf einem mit Backpapier ausgelegtem Brett für 1–2 Stunden anfrieren lassen. Sobald sie fest sind, können sie in einen Gefrierbeutel umgefüllt werden und sind dann im Gefrierfach bis zu 3 Monate haltbar und können ohne Auftauen gebacken werden.

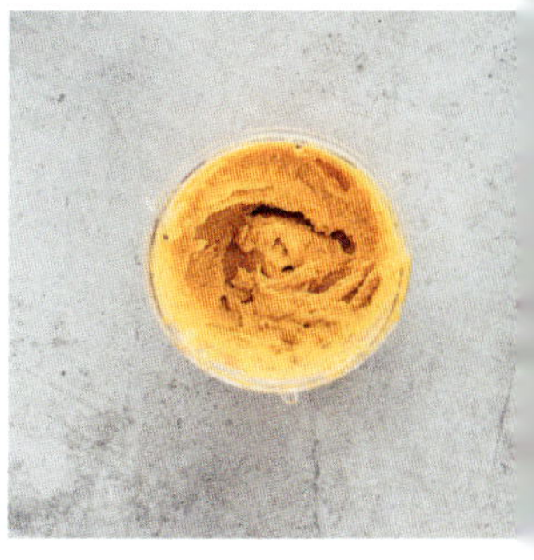

Quinoa-Bratlinge

Vorbereitung: 20 Minuten
+ 10 Minuten Ruhezeit
Zubereitung: 20 Minuten

Zutaten für 16 Stück

200 g Quinoa
400 ml Gemüsebrühe
1 große Karotte
½ Bund Petersilie
1 Zwiebel
4 Knoblauchzehen
2 TL Öl (z. B. Rapsöl) + mehr zum Braten der Bratlinge
1½ TL Currypulver (z. B. Madras Curry)
½ TL Salz (oder mehr nach Geschmack)
½ TL Pfeffer (oder nach Geschmack)
50 g zarte Haferflocken (oder Semmelbrösel, bei Bedarf glutenfrei)
1 EL Kartoffelstärke (oder Maisstärke, optional)

Zum Servieren

Kräuter-Dip (S. 72)
Sesam

Nährwerte pro Stück (mit etwas Kräuter-Dip): 98 kcal, Fett 2 g, KH 14 g, EW 3 g. Frei von raffiniertem Zucker, optional glutenfrei.

1. Die **Quinoa** zunächst in einem feinmaschigen Sieb gründlich abspülen. Dann mit der **Gemüsebrühe** in einem Topf aufkochen und gemäß Packungsanweisung ca. 15–20 Minuten köcheln lassen.
2. Währenddessen die **Karotte** fein raspeln, die **Petersilie,** die **Zwiebel** und den **Knoblauch** fein hacken.
3. Etwa 2 TL **Öl** in einer kleinen Pfanne auf mittlerer Stufe erhitzen und die Zwiebel 2–3 Minuten glasig braten. Dann den Knoblauch hinzufügen und 1 weitere Minute braten.
4. Fertig gegarte Quinoa, Karotten, Petersilie, Zwiebel, Knoblauch, **Currypulver, Salz** und **Pfeffer** in einer Schüssel vermengen. Dann **Haferflocken** und **Kartoffelstärke** darüberstreuen und alles zu einer Masse verarbeiten. Abschmecken und bei Bedarf nachwürzen. Anschließend mind. 10 Minuten (oder auch über Nacht im Kühlschrank) ruhen lassen (damit die Haferflocken quellen können).
5. Die Hände leicht anfeuchten und aus der Masse ca. 16 große Bratlinge zu je 50–55 g formen.
6. Etwa 2 EL Öl in einer großen Pfanne auf mittlerer Stufe erhitzen und die Bratlinge von beiden Seiten goldbraun und knusprig braten (die Patties erst wenden, wenn die Unterseite goldbraun und kross ist, damit sie nicht auseinanderfallen).
7. In der Zwischenzeit die Zutaten für den **Kräuter-Dip** cremig pürieren.
8. Die Bratlinge nach Belieben mit **Sesam** bestreuen und mit dem Kräuter-Dip servieren. Sie schmecken auch gut als Beilage zu einem Salat, in einer Buddha Bowl oder als Füllung eines Wraps mit einer Hülle aus Naan-Brot, Pfannenbrot oder Tortillas.

Tipps

♥ Statt Quinoa lassen sich auch Hirse oder Couscous verwenden. Hierbei bitte die Packungsanweisung beachten, da die Wassermenge und die Kochzeit variieren.

♥ Anstelle der Petersilie kann man auch andere Kräuter oder grünes Blattgemüse wie Basilikum, Spinat, Rucola oder Mangold nehmen, oder eine Kombination aus verschiedenen Sorten.

♥ Wer mag, kann noch (gehackte) Nüsse, Kerne oder Saaten hinzufügen. Für noch mehr Geschmack vorher in einer Pfanne kurz anrösten.

♥ Gerne kann man auch andere Gewürze verwenden oder weitere hinzufügen, z. B. Hefeflocken oder veganen Parmesan, um einen käsigen Geschmack zu erhalten!

♥ Die Bratlinge halten sich in einem luftdichten Behälter bis zu 5 Tage im Kühlschrank und können auch eingefroren werden.

Bohnenbällchen – Bean Balls

Vorbereitung: 5 Minuten
Zubereitung: 20 Minuten

Zutaten für ca. 12 Stück

1 Dose Kidneybohnen (240 g Abtropfgewicht)
1 EL Olivenöl (oder anderes Pflanzenöl) + mehr zum Braten der Bällchen
1 kleine Zwiebel, fein gehackt
2 Knoblauchzehen, fein gehackt
1 EL Tamari-Sauce (oder andere Sojasauce)
50 g Sonnenblumenkerne (oder andere Kerne oder Nüsse)
60 g Haferflocken (bei Bedarf glutenfrei)
1 EL Tomatenmark
1 TL mittelscharfer Senf
1–2 TL italienische Kräutermischung (oder andere Kräuter nach Belieben)
1 TL Paprikapulver, edelsüß
Salz und Pfeffer

Nach Belieben zum Servieren

Tomatenreis (S. 103)
Krautsalat (S. 67)
Minz-Joghurt-Sauce (S. 87)
Oder andere Beilagen nach Wahl (z. B. Pasta oder Salat)

Nährwerte pro Stück: 77 kcal, Fett 4 g, KH 8 g, EW 3 g. Frei von raffiniertem Zucker, optional glutenfrei.

1. Die **Kidneybohnen** abspülen und abtropfen lassen. Dann in eine Schüssel geben und mit einem Kartoffelstampfer oder einem Löffel grob zerdrücken.
2. Etwa 1 EL **Öl** in einer Pfanne auf mittlerer Stufe erhitzen und die **Zwiebel** 2–3 Minuten anbraten. Dann den **Knoblauch** hinzufügen und 1 weitere Minute anrösten. Mit **Tamari-Sauce** ablöschen und kurz einkochen lassen. Anschließend zu den Bohnen in die Schüssel geben.
3. Die **Sonnenblumenkerne** in einem Mixer fein mahlen und ebenfalls in die Schüssel geben. Danach **Haferflocken, Tomatenmark, Senf, Kräuter** und **Paprikapulver** hinzufügen und alles vermengen. Mit **Salz** und **Pfeffer** abschmecken und dann mit feuchten Händen etwa 12 Bällchen aus der Bohnen-Mischung formen.
4. Reichlich Öl in einer Pfanne erhitzen und die Bohnen-Bällchen von allen Seiten auf mittlerer Hitze knusprig anbraten.
5. Nach Belieben mit **Tomatenreis** und **Krautsalat** und **Minz-Joghurt-Sauce** servieren oder zu Pasta, in einer Bowl oder auf einer Partyplatte als Spieße anrichten.

Tipps

- Statt Haferflocken kann man auch (glutenfreie) Semmelbrösel verwenden.
- Die Gewürze können nach Belieben variiert werden. Man könnte auch Petersilie, Thymian, Kreuzkümmel, Curry-Pulver, Chilipulver oder Rauchsalz verwenden.
- Wer mag, kann die Bällchen mit gebratenen Pilzen oder anderem Gemüse noch aromatischer und »fleischiger« machen.
- Die Bällchen lassen sich gut im Voraus zubereiten und einfrieren.

Käse-Lauch-Suppe

Vorbereitung: 5 Minuten
Zubereitung: 10 Minuten
+ 10 Minuten Garzeit

Zutaten für 3–4 Portionen

2 mittlere Stangen Lauch
1 große Zwiebel
2 Knoblauchzehen
2 EL Pflanzenöl (z. B. Raps- oder Sonnenblumenöl)
250 g veganes Hack (Fertigprodukt oder siehe Tipps)
Salz und Pfeffer
1–2 TL Kräutermischung (z. B. aus Thymian, Rosmarin, Basilikum, Petersilie)
1 Prise Muskat
3 EL Hefeflocken (oder veganer Parmesan, S. 137)
1 EL Tamari-Sauce (oder andere Sojasauce)
500 ml Gemüsebrühe
250 ml Soja- oder Hafercuisine (oder andere Pflanzensahne)
150 g vegane Crème fraîche (oder veganer Frischkäse/Schmand)

Nach Belieben zum Servieren

Frische Petersilie, gehackt
Baguette

1. Zunächst den **Lauch** längs halbieren, in Streifen schneiden und gründlich waschen. **Zwiebel** und **Knoblauch** abziehen und hacken.
2. Das **Öl** in einem großen Topf oder einer tiefen Pfanne auf hoher bis mittlerer Stufe erhitzen. Das vegane **Hack** darin ca. 3 Minuten scharf anbraten. Zwiebel und Knoblauch hinzugeben und 2–3 Minuten auf mittlerer Hitze anrösten. Dann den Lauch hinzugeben und kurz mitbraten. Mit **Salz, Pfeffer, Kräutern, Muskat** und **Hefeflocken** würzen.
3. Nun mit **Tamari-Sauce, Gemüsebrühe** und **Sahne** ablöschen und zugedeckt ca. 10 Minuten köcheln lassen.
4. Anschließend die **Crème fraîche** unterrühren und nochmals aufkochen lassen. Abschmecken und bei Bedarf nachwürzen.
5. Die Suppe in Schalen servieren und mit **Petersilie** bestreuen. Nach Belieben frisches **Baguette** dazu reichen.

Nährwerte pro Portion (bei 4 Portionen insgesamt): 419 kcal, Fett 30 g, KH 15 g, EW 20 g. Frei von raffiniertem Zucker, glutenfrei.

♥ Da es bei veganem Hack keine Bratverluste gibt, benötigt man etwa ⅔ der Menge, die man bei klassischen Rezepten verwendet.
♥ Das vegane Hack lässt sich durch 120 g Sonnenblumen- oder Sojagranulat ersetzen. Vorher gemäß Packungsanweisung in heißer Gemüsebrühe einweichen. Dann abgießen, ausdrücken, gut (!) würzen und anbraten.
♥ Wer mag, kann auch anderes Gemüse oder Gewürze wie Karotten, Sellerie, Kartoffeln, Champignons, Chili, Hackgewürz etc. nach Belieben hinzugeben.
♥ Für eine »käsigere« Suppe zum Schluss noch etwas veganen Reibekäse unterrühren.
♥ Die Suppe ist perfekt vorzubereiten und lässt sich gut wieder aufwärmen. Im Kühlschrank ist sie bis zu 1 Woche haltbar und man kann die Suppe auch einfrieren.

BIANCA
ZAPATKA

LOVE
VEGAN
BIANCA
ZAPATKA

Mamas Kürbissuppe

Vorbereitung: 10 Minuten
Zubereitung: 10 Minuten
+ 20 Minuten Garzeit

Zutaten für 4 Portionen

½ Hokkaido-Kürbis (ca. 500 g)
1 mittelgroße Kartoffel (ca. 200 g)
2 Möhren (ca. 120 g)
1 Zwiebel
2 Knoblauchzehen
1 Stückchen Ingwer (ca. 25 g)
2 EL Kokosöl (oder anderes Pflanzenöl oder vegane Butter)
2 TL Currypulver (z. B. Madras Curry)
1 TL Paprikapulver, edelsüß (oder Chilipulver nach Geschmack)
1 Prise Muskat (optional)
500 ml Gemüsebrühe
200 ml Kokosmilch (oder Soja-Cuisine)
Salz und Pfeffer
2 TL Zitronensaft (oder nach Geschmack)

Toppings

Kokos-Joghurt (oder anderer Joghurt Natur nach Belieben)
Kürbiskerne
Sesam
Frische Petersilie

Nährwerte pro Portion: 282 kcal, Fett 17 g, KH 33 g, EW 5 g. Frei von raffiniertem Zucker, glutenfrei.

1. Den **Kürbis** entkernen und in grobe Stücke schneiden. **Kartoffel** und **Möhren** schälen und ebenfalls in grobe Stücke schneiden. **Zwiebel, Knoblauch** und **Ingwer** schälen und fein hacken.
2. **Kokosöl** in einem großen Topf auf mittlerer Stufe erhitzen und die Zwiebelwürfel darin ca. 3 Minuten glasig braten. Dann Knoblauch und Ingwer hinzugeben und weitere 1–2 Minuten anrösten.
3. Kürbis-, Kartoffel- und Möhrenwürfel zusammen mit **Curry-** und **Paprikapulver** sowie **Muskat** dazugeben und für ca. 3 Minuten anrösten.
4. Die **Gemüsebrühe** angießen, alles aufkochen lassen und das Gemüse zugedeckt für ca. 20 Minuten weich garen.
5. Anschließend die **Kokosmilch, Salz** und **Pfeffer** sowie **Zitronensaft** nach Geschmack hinzugeben, mit einem Pürierstab oder im Mixer fein pürieren.
6. Nach Belieben mit **Joghurt, Kürbiskernen, Sesam** und frischer **Petersilie** servieren.

Tipps

- Sollte die Suppe zu dick werden, kann noch mehr Gemüsebrühe oder Kokosmilch hinzugefügt werden. Oder wenn sie dicker bevorzugt wird, kann man sie ohne Deckel etwas länger köcheln lassen, bis sie eindickt.
- Gerne kann noch verschiedenes Gemüse wie Sellerie, Brokkoli, Blumenkohl, Zucchini oder Paprika hinzugefügt werden. Dieses dann einfach kurz mit den Zwiebeln andünsten, bevor die restlichen Zutaten hinzugefügt werden.
- Statt Kartoffeln und Karotten kann man auch Süßkartoffeln nehmen.
- Übrig gebliebene Suppe kann bis zu 5 Tage im Kühlschrank aufbewahrt oder bis zu 3 Monate eingefroren werden.

Chili Cheese Fries

Vorbereitung: 10 Minuten
+ Einweichzeit über Nacht
Zubereitung: 30 Minuten

Zutaten für 4 Portionen

1 kg Pommes, gekauft oder selbst gemacht (S. 99)
Süßkartoffel-Sauce (S. 138)

Chili sin Carne

40 g Veggie-Hack (Sonnenblumen-, Erbsen- oder Soja-Granulat)
200 ml Gemüsebrühe
2 EL Olivenöl (oder anderes Pflanzenöl) zum Braten
1 Zwiebel, gewürfelt
3 Knoblauchzehen, gehackt
1 EL Tomatenmark
1 TL Paprikapulver, edelsüß
1½ TL Chilipulver (oder mehr nach Geschmack)
1 Dose (400 g) gestückelte Tomaten
50 ml BBQ-Sauce (oder Ketchup, ggf. etwas mehr nach Geschmack)
400 g Kidneybohnen (240 g Abtropfgewicht), abgespült und abgetropft
120 g Mais, abgetropft
Salz und Pfeffer

Nach Belieben zum Garnieren

Chiliflocken
Frühlingszwiebeln, in Ringe geschnitten
Peperoni (oder Jalapeños), in Scheiben geschnitten
Frische Petersilie

1. Die **Pommes** gemäß dem Rezept auf S. 99 selber machen oder gekaufte Pommes gemäß Packungsanweisung zubereiten. In der Zwischenzeit die **Süßkartoffel-Sauce** fertigstellen und sich parallel dazu an das Chili machen.
2. Für das Chili das **Veggie-Hack** mit 200 ml heißer **Gemüsebrühe** begießen und 5 Minuten quellen lassen. Anschließend in einem Sieb abtropfen lassen.
3. Das **Öl** in einer großen Pfanne auf mittlerer Stufe erhitzen und die **Zwiebel** darin 2–3 Minuten glasig dünsten. Dann den **Knoblauch** dazugeben und 30 Sekunden anrösten.
4. **Tomatenmark, Paprika-** und **Chilipulver** hinzufügen und kurz anschwitzen. Das Veggie-Hack hinzugeben und kurz anbraten. Dann **gestückelte Tomaten** und **BBQ-Sauce** untermengen. Die **Bohnen** mit dem **Mais** unterrühren und alles mit **Salz** und **Pfeffer** würzen. Anschließend die Pfanne mit einem Deckel abdecken und das Ganze 5 Minuten bei geringer Hitze köcheln lassen.
5. Das Chili auf den gebackenen Pommes verteilen und mit der Süßkartoffel-Sauce begießen. Nach Belieben mit **Chiliflocken, Frühlingszwiebeln, Peperoni** und **Petersilie** garnieren und sofort servieren!

Nährwerte pro Portion: 719 kcal, Fett 30 g, KH 94 g, EW 20g.
Frei von raffiniertem Zucker, glutenfrei.

- Dazu passen auch Dips wie zum Beispiel Ketchup (S. 83), vegane Mayonnaise (S. 84) oder Knoblauchsauce (S. 72) sehr gut.
- Wer statt der Süßkartoffel-Sauce lieber veganen Reibekäse nimmt, kann die Chili Cheese Fries vor dem Servieren im vorgeheizten Ofen bei 200 °C Ober-/Unterhitze (180 °C Umluft) 5 Minuten überbacken.
- Anstelle des Veggie-Hacks kann man auch festen Tofu verwenden.

Goldene Linsensuppe

Vorbereitung: 5 Minuten
Zubereitung: 10 Minuten
+ 15 Minuten Garzeit

Zutaten für 4 Portionen

1 EL Öl zum Braten
1 Zwiebel, fein gewürfelt
3 Knoblauchzehen, gehackt
1 kleines Stück Ingwer, gehackt
2 Karotten, gewürfelt
1 EL Currypulver
½ TL Kurkuma
1 TL Chilipulver
(oder Paprikapulver, edelsüß)
180 g gelbe oder rote Linsen
720 ml Gemüsebrühe
180 ml Kokosmilch
2 EL Tamari-Sauce
(oder andere Sojasauce)
Salz und Pfeffer

Nach Belieben zum Garnieren

Petersilie oder Koriander, gehackt
Sesam
1 Spritzer Limetten- oder
Zitronensaft

Nach Belieben zum Servieren

Fladenbrot (S. 68), veganes Naan
oder Reis

Nährwerte pro Portion: 316 kcal, Fett 13 g, KH 34 g, EW 16 g. Frei von raffiniertem Zucker, glutenfrei.

1. Das **Öl** in einer großen Pfanne oder in einem Topf auf mittlerer Stufe erhitzen und die **Zwiebelwürfel** darin 2–3 Minuten anbraten, bis sie glasig und leicht gebräunt sind.
2. Jetzt **Knoblauch** und **Ingwer** hinzugeben und 1 weitere Minute anbraten. Als Nächstes die **Karotten** hinzufügen und weitere 2–3 Minuten dünsten. Nun **Currypulver, Kurkuma** und **Chili-** oder **Paprikapulver** darüberstreuen und 1 Minute anrösten.
3. Die **Linsen** in ein feinmaschiges Sieb geben und unter fließendem Wasser abspülen. Anschließend abtropfen lassen, in die Pfanne geben und 1–2 Minuten anschwitzen.
4. Das Ganze mit **Gemüsebrühe, Kokosmilch** und **Tamari-Sauce** aufgießen, verrühren und zum Kochen bringen. Hitze auf niedrige Stufe reduzieren und die Suppe zugedeckt ca. 15 Minuten köcheln lassen, bis die Linsen gar sind. Sollte die Suppe zu dick werden, kann man noch mehr Gemüsebrühe oder Kokosmilch hinzufügen.
5. Anschließend die Suppe mit **Salz** und **Pfeffer** abschmecken und nach Bedarf mehr Chili dazugeben.
6. Die goldene Linsensuppe in Schüsseln anrichten und nach Belieben mit frischer **Petersilie** oder **Koriander, Sesam** und 1 Spritzer frischen **Limetten-** oder **Zitronensaft** garnieren. Dazu schmeckt **Fladenbrot, Naan** oder **Reis.**

Tipps

- ❤ Statt Karotten kann man auch Kürbis oder Süßkartoffeln nehmen.
- ❤ Gerne kann noch verschiedenes Gemüse wie Sellerie, Brokkoli, Blumenkohl, Zucchini oder Paprika hinzugefügt werden. Dieses dann einfach kurz mit den Zwiebeln andünsten, bevor die Linsen dazugegeben werden.
- ❤ Den Schärfegrad kann man selbst bestimmen, indem man die Menge des Chilipulvers erhöht oder reduziert.
- ❤ Restliche Suppe kann bis zu 5 Tage im Kühlschrank aufbewahrt oder bis zu 3 Monate eingefroren werden. Beim Aufwärmen einfach ein wenig Gemüsebrühe zum Verdünnen hinzufügen.

Chana Masala

Vorbereitung: 5 Minuten
Zubereitung: 5 Minuten
+ 10 Minuten Garzeit

Zutaten für 4 Portionen

2 Zwiebeln
6 Knoblauchzehen
1 Stück Ingwer (ca. 3 cm)
2 grüne Chilischoten
2 EL Öl
1½ TL Garam Masala
1 TL Kreuzkümmel, gemahlen
1 TL Koriander, gemahlen
1 TL Kurkuma
1 TL Chilipulver (oder nach Geschmack)
800 g stückige Tomaten aus der Dose (oder frisch)
100 ml Gemüsebrühe
2 Dosen Kichererbsen (480 g Abtropfgewicht), abgespült und abgetropft
2–3 TL Ahornsirup (oder Kokosblütenzucker nach Geschmack)
Salz und Pfeffer

Nach Belieben zum Servieren

Frische Petersilie oder Koriander, gehackt
Sesam
Reis oder Fladenbrot (S. 68)
1 Spritzer frischer Zitronen- oder Limettensaft

1. **Zwiebeln, Knoblauch, Ingwer** und grüne **Chili** in einer Küchenmaschine oder mit einem Messer sehr fein hacken.
2. In einer großen tiefen Pfanne etwas **Öl** auf mittlerer Stufe erhitzen und die gehackte Mischung darin ca. 3–5 Minuten anschwitzen.
3. Als Nächstes die **Gewürze** hinzufügen und einige Sekunden anrösten, bis sie gut duften.
4. Dann **Tomaten, Gemüsebrühe, Kichererbsen** und **Ahornsirup** hinzugeben und aufkochen lassen. Einen Deckel auf die Pfanne setzen und das Ganze bei geringer Hitze ca. 10 Minuten köcheln lassen. Anschließend abschmecken und bei Bedarf nachwürzen.
5. Mit frischer **Petersilie** oder **Koriander** und **Sesam** garnieren. Nach Belieben mit **Reis** oder **Fladenbrot** servieren und mit einem Spritzer **Zitronensaft** abrunden.

Nährwerte pro Portion: 321 kcal, Fett 10 g, KH 45 g, EW 11 g.
Frei von raffiniertem Zucker, glutenfrei.

- Wer eine cremige Version dieses Gerichts wünscht, kann noch Pflanzensahne oder Kokosmilch hinzufügen.
- Anstatt einer fertigen Garam-Masala-Gewürzmischung kann man auch eine eigene indische Gewürzmischung mit einer Vielzahl von Gewürzen wie Chilipulver, Majoran, Kardamom, Oregano, Thymian, Salz, Pfeffer und mehr selber machen.
- Chana Masala ist traditionell sehr würzig und leicht scharf. Man kann die Menge der Gewürze aber auch gerne reduzieren.
- Reste lassen sich bis zu 5 Tage im Kühlschrank aufbewahren.

Hauptgerichte – Pasta, Curry & Co.

Kürbis-Linsen-Curry 130
Erdnuss-Curry 133
Knuspriger Tofu Asia-Style auf Reis 134
Cremige Knoblauch-Pasta 137
Pasta mit Süßkartoffel-Sauce 138
Tomaten-Pesto mit Spaghetti 141
Tahini-Pasta mit Kichererbsen 142
Tandoori-Blumenkohl-Bowl 145
Linsenburger 147
Tempeh-Reisnudel-Bowl 151
Blumenkohl-Pizza 152
Kartoffel-Hack-Auflauf 155
Fisch-Frikadellen 156
Schlemmerfilet mit Kartoffelpüree und Rahmspinat 159
Knusprige Reispapier-Dumplings 161
Risotto 165
Omas Bauerntopf 166
Zwiebelkuchen 169

Kürbis-Linsen-Curry

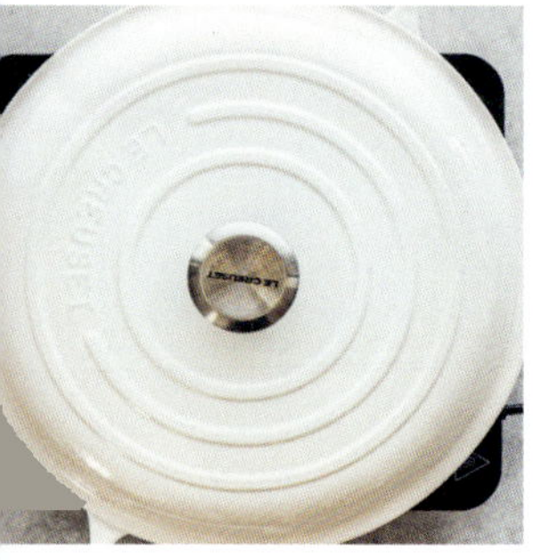

Vorbereitung: 10 Minuten
Zubereitung: 10 Minuten
+ 20 Minuten Garzeit

Zutaten für 4 Portionen

1 EL Kokosöl (oder anderes Öl) zum Braten
1 große Zwiebel, gehackt
4 Knoblauchzehen, gehackt
1 Stück Ingwer (ca. 5 cm), gehackt
180 g rote (oder gelbe) Linsen
2 EL Currypulver (z. B. Madras Curry) oder Currypaste
450 g Hokkaido-Kürbis, ungeschält und gewürfelt
400 g gehackte Tomaten aus der Dose
480 ml Gemüsebrühe
400 ml Kokosmilch (oder eine andere Pflanzensahne/Kochcreme)
2 EL Cashewmus (oder Erdnussmus, Mandelmus oder Tahini)
Salz und Pfeffer
Saft von ½ Limette (oder Zitrone)

Zum Servieren

Basmati-Reis (oder Fladenbrot, S. 68)

Nach Belieben zum Garnieren

Geröstete Cashewkerne (oder Erdnüsse)
Sesam
Granatapfelkerne
Limettenspalten
Frischer Koriander (oder Petersilie), gehackt

Nährwerte pro Portion: 528 kcal, Fett 30 g, KH 49 g, EW 20 g. Frei von raffiniertem Zucker, glutenfrei.

1. Das **Kokosöl** in einer großen, tiefen Pfanne oder einem großen Kochtopf auf mittlerer Stufe erhitzen und die **Zwiebel** darin 2–3 Minuten glasig braten. Dann den **Knoblauch** und den **Ingwer** hinzufügen und unter Rühren 1 Minute lang mitbraten.
2. Währenddessen die **Linsen** in ein feinmaschiges Sieb geben, gründlich unter fließendem Wasser abspülen und abtropfen lassen.
3. **Currypulver, Kürbiswürfel** und Linsen in die Pfanne geben und unter Rühren 1–2 Minuten anrösten. Mit **Tomaten, Gemüsebrühe** und **Kokosmilch** ablöschen. **Cashewmus** ebenfalls hinzufügen, das Ganze umrühren und aufkochen lassen.
4. Die Hitze reduzieren, einen Deckel auflegen und das Curry ca. 20 Minuten köcheln lassen, bis die Linsen und der Kürbis gar und größtenteils weich sind. Anschließend mit **Salz, Pfeffer** und **Limettensaft** abschmecken.
5. Während das Curry kocht, kann man beliebige Beilagen zubereiten, z. B. **Basmati-Reis** kochen und **Cashewkerne** in einer Pfanne anrösten.
6. Mit Reis oder **Fladenbrot** servieren und nach Belieben mit gerösteten Cashewkernen, **Sesam, Granatapfelkernen, Limettenspalten** und **Koriander** garnieren.

Tipps

♥ **Linsen:** Bei Verwendung anderer Linsen (z. B. braune Tellerlinsen, Berglinsen oder schwarze Belugalinsen), bitte immer die Packungsanweisung beachten, da die Kochzeit je nach Sorte variieren kann.

♥ **Gemüse:** Wer mag, kann den Kürbis (oder einen Teil davon) durch anderes Gemüse wie Karotten, Süßkartoffeln, Brokkoli, Blumenkohl, Zucchini, Paprika etc. austauschen. Auch Kichererbsen, gekochte Bohnen oder Spinat passen gut und werden am Schluss einfach untergerührt und noch etwas erwärmt.

♥ **Gewürze:** Für einen intensiveren Tomatengeschmack kann Tomatenmark hinzugegeben werden. Wer das Curry schärfer mag, kann noch gehackte Chilischoten, Chilipulver oder Sriracha-Sauce hinzufügen. Man könnte aber auch ein scharfes Currypulver oder rote Thai-Currypaste verwenden. Für ein mildes Curry eignet sich gelbes Currypulver und gelbe Currypaste.

♥ Restliches Curry hält sich in einem verschlossenen Behälter bis zu 5 Tage im Kühlschrank und kann auch 3 Monate eingefroren werden.

LIEBE
BIANCA

Erdnuss-Curry

Vorbereitung: 10 Minuten
Zubereitung: 10 Minuten
+ 15–20 Minuten Garzeit

Zutaten für 4 Portionen

1 EL Kokos-, Sesam- oder Erdnussöl
1 rote Zwiebel, gewürfelt
1 Stück Ingwer, gehackt
3–4 Knoblauchzehen, gehackt
1–2 EL Currypaste (je nach Sorte und Geschmack)
1–2 Karotten, in Scheiben geschnitten
2 Paprika, in Streifen geschnitten
1 Zucchini, der Länge nach halbiert und in Scheiben geschnitten
200 g grüne Prinzess-Bohnen, in mundgerechte Stücke geschnitten
2 Frühlingszwiebeln, weiße und grüne Teile getrennt voneinander in Streifen oder Ringe geschnitten
2 TL Paprikapulver, edelsüß (oder Chilipulver nach Geschmack)
2–3 EL Tamari-Sauce (oder andere Sojasauce)
100 ml Gemüsebrühe
1 Dose Kokosmilch (400 ml)
3 EL Erdnussmus (oder Tahini, falls nussfrei)
250 g Basmati-Reis (oder eine andere Sorte)

Toppings

Frische Petersilie (oder Koriander), gehackt
3 EL geröstete Erdnüsse (oder nur Sesam, falls nussfrei)
2 EL Sesam
Chiliflocken
Limettenspalten

1. Das **Öl** in einer großen, tiefen und beschichteten Pfanne oder in einem Wok auf mittlerer Stufe erhitzen. **Zwiebel, Ingwer** und **Knoblauch** darin etwa 1–2 Minuten anbraten. **Currypaste** hinzugeben und unter Rühren kurz anschwitzen. Dann **Karotten, Paprika, Zucchini, Bohnen** und die weißen Teile der **Frühlingszwiebeln** hinzufügen und für 4–5 Minuten mitbraten.
2. **Paprikapulver, Tamari-Sauce, Gemüsebrühe, Kokosmilch** und **Erdnussmus** hinzufügen und alles vermengen. Einen Deckel auf die Pfanne setzen und das Curry ca. 15–20 Minuten köcheln lassen, bis es schön cremig und das Gemüse gar ist.
3. Währenddessen den **Reis** nach Packungsanweisung kochen.
4. Den Reis und das Erdnuss-Curry auf Schüsseln verteilen und mit den grünen Teilen der Frühlingszwiebeln, **Petersilie, Erdnüssen, Sesam** und **Chiliflocken** garnieren. Mit **Limettenspalten** an der Seite servieren und schmecken lassen!

Nährwerte pro Portion: 602 kcal, Fett 29 g, KH 71 g. EW 25 g. Frei von raffiniertem Zucker, glutenfrei.

- Das Gemüse lässt sich beliebig austauschen, z. B. durch Brokkoli, Zuckerschoten, Blumenkohl, Auberginen, Pilze, Lauch etc.
- Nussallergiker können den Erdnussmus gut durch Tahini ersetzen, weil die Sesampaste dem Gericht ebenfalls einen reichhaltigen, nussigen Geschmack verleiht.
- Für mehr Protein kann man zum Schluss noch Hülsenfrüchte wie gekochte Kichererbsen, Kidney- oder Cannellini-Bohnen, Linsen oder auch knusprig angebratenen Tofu oder Tempeh hinzugeben.
- Wer mag, kann noch eine fruchtige, süße Komponente wie Ananas, Mango oder Orange hinzufügen.
- Übrig gebliebenes Curry hält sich in einem verschlossenen Behälter bis zu 5 Tage im Kühlschrank und kann auch bis zu 3 Monate eingefroren werden.

Knuspriger Tofu Asia-Style auf Reis

Vorbereitung: 10 Minuten
Zubereitung: 25 Minuten

Zutaten für 4 Portionen
400 g fester Tofu

Zum Panieren
80 g Mais-/Speisestärke
120 ml Wasser
60 g Panko-Paniermehl oder andere (glutenfreie) Semmelbrösel
Öl-Spray

Marinade
2 EL Sesamöl, geröstet
3–4 Knoblauchzehen, gehackt
3–4 EL Sriracha-Sauce (je nach gewünschter Schärfe)
2 EL Ahornsirup
3 EL Tamari-Sauce (oder andere Sojasauce)
2 TL Reisessig
1 Stück Ingwer (ca. 2 EL), gerieben
Ca. 80 ml Wasser

Zum Servieren
Reis (z. B. Basmati- oder Jasmin-Reis)
Gemüse nach Wahl (z. B. Pak Choi, Karotten)

Nach Belieben zum Garnieren
Sesam (weiße und schwarze Samen)
Frühlingszwiebeln, in Ringe geschnitten
Koriander (oder Petersilie)
Geröstete Erdnüsse

Nährwerte pro Portion: 537 kcal, Fett 10 g, KH 97 g, EW 15 g. Frei von raffiniertem Zucker, optional glutenfrei.

1. Ofen auf 200 °C Umluft vorheizen.
2. Den **Tofu** so gut es geht trocken pressen und in Scheiben oder Würfel schneiden.
3. In einer flachen Schüssel die **Speisestärke** mit **Wasser** verrühren und das **Panko-Paniermehl** auf einen kleinen tiefen Teller geben.
4. Die Tofu-Scheiben zuerst in die Stärkemischung tunken und anschließend im Paniermehl wälzen.
5. Nun die panierten Tofu-Scheiben mit etwas **Öl** (Cooking Spray) besprühen und im vorgeheizten Ofen ca. 25 Minuten oder in der Heißluftfritteuse ca. 15 Minuten goldbraun und knusprig backen, zwischendurch einmal wenden (die Backzeit kann je nach Dicke der Scheiben bzw. Größe der Würfel variieren).
6. Währenddessen den **Reis** nach Packungsanweisung zubereiten und das **Gemüse** dünsten.
7. Parallel dazu das **Sesamöl** in einer Pfanne auf niedriger bis mittlerer Stufe erhitzen und den **Knoblauch** 1 Minute anbraten. Danach die restlichen **Zutaten** für die Marinade hinzugeben und kurz einkochen lassen. **Wasser** nach Bedarf einrühren, sodass eine dickflüssige Sauce entsteht.
8. Den knusprig gebackenen Tofu in der Marinade schwenken, bis alles gut bedeckt ist. Dann sofort auf gekochtem Reis mit gedünstetem Gemüse servieren und nach Belieben mit **Sesam, Frühlingszwiebeln, Koriander** und gerösteten **Erdnüssen** garnieren.

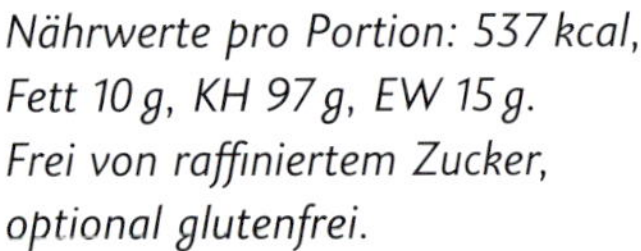

Tipps

- Für die koreanische Variante kann man Gochujang anstelle von Sriracha verwenden.
- Wer eine cremige Bang Bang Sauce zubereiten möchte, kann einfach 3–4 EL vegane Mayonnaise in die Marinade einrühren.
- Die knusprig gebackenen Tofu-Stücke sollten am besten sofort serviert werden, nachdem sie mit der Marinade vermengt wurden. Je länger sie in der Sauce liegen, desto weicher wird die Panade. Wird das Gericht im Voraus zubereitet, sollte der knusprige Tofu erst kurz vor dem Servieren mit der Sauce mariniert werden, um ein optimales Ergebnis zu erzielen. Reste können in einem verschließbaren Behälter bis zu 3 Tage im Kühlschrank aufbewahrt werden. Dann in der Pfanne, in der Mikrowelle oder im Ofen wieder aufwärmen.

FOOD LOVE
BIANCA ZAPATKA

Cremige Knoblauch-Pasta

Vorbereitung: 5 Minuten
Zubereitung: 10 Minuten

Zutaten für 4 Portionen

300 g Nudeln, z. B. Spaghetti, Makkaroni, Penne, Fettuccine (optional glutenfreie Pasta)

Knoblauch-Sauce

1 EL Olivenöl
1 große Zwiebel, gewürfelt
4 große Knoblauchzehen, gehackt
2 EL Weizen- oder Dinkelmehl (oder glutenfreie Mehlmischung)
500 ml ungesüßte Pflanzenmilch (z. B. Soja-, Mandel-, Cashew- oder Hafermilch)
½ EL Gemüsebrühepulver
2–3 EL Hefeflocken
Salz und Pfeffer

Veganer Parmesan

150 g Cashewnüsse, ungesalzen
4 EL Hefeflocken
1 TL Meersalz
½ TL Knoblauchpulver

Nach Belieben zum Garnieren

Chiliflocken
Petersilie und Basilikum
1 Spritzer Zitronensaft

Nährwerte pro Portion: 425 kcal, Fett 7 g, KH 68 g, EW 19 g. Frei von raffiniertem Zucker, optional glutenfrei.

1. Die **Nudeln** in einem großen Topf mit gesalzenem Wasser nach Packungsanweisung al dente kochen. Anschließend abgießen und optional mit etwas Olivenöl vermengen, damit sie nicht zusammenkleben.
2. Während die Pasta kocht, das **Öl** in einer großen Pfanne auf mittlerer Stufe erhitzen und die **Zwiebel** 2–3 Minuten glasig braten. Dann den **Knoblauch** hinzugeben und 1 Minute mitbraten. Das **Mehl** darüberstreuen und alles vermengen.
3. **Pflanzenmilch, Gemüsebrühepulver** und **Hefeflocken** mit einem Schneebesen einrühren, damit sich keine Klümpchen bilden. Unter Rühren aufkochen und kurz köcheln lassen, bis die Sauce eindickt. Mit **Salz** und **Pfeffer** abschmecken und optional die Sauce im Mixer (oder mit einem Pürierstab) glatt und cremig pürieren. Danach wieder zurück in die Pfanne geben.
4. Dann die Nudeln hinzufügen und alles vermengen.
5. In Pasta-Schalen servieren und nach Belieben mit **Chiliflocken,** veganem **Parmesan,** frischer **Petersilie** und **Basilikum** garnieren. Mit 1 Spritzer **Zitronensaft** abrunden und genießen!

Veganer Parmesan

Alle **Zutaten** in eine Küchenmaschine (oder Mühle) geben und zu Parmesan mixen.

Tipps

- Bei einer glutenfreien Zubereitung kann man die Sauce zusätzlich mit Maisstärke oder einem anderen Bindemittel andicken.
- Die Sauce hält sich in einem verschlossenen Glas und im Kühlschrank aufbewahrt bis zu 5 Tage. Sie lässt sich aber auch einfrieren.
- Veganer Parmesan kann in ein sauberes verschließbares Glas gefüllt und bis zu 4 Wochen im Kühlschrank gelagert werden.

Pasta mit Süßkartoffel-Sauce

Vorbereitung: 5 Minuten
+ Einweichzeit über Nacht
Zubereitung: 25 Minuten

Zutaten für 4 Portionen

75 g Cashewkerne (oder Cashewmus, alternativ pflanzliche Kochcreme / Schmand)
1 Süßkartoffel (ca. 350 g), geschält und gewürfelt
240 ml Gemüsebrühe (oder Wasser)
350 g Nudeln (glutenfrei, falls gewünscht)
½ EL Oliven-, Raps- oder Kokosöl
1 Zwiebel, gewürfelt
2–3 Knoblauchzehen, gehackt
2–3 EL Hefeflocken (optional)
1 TL Paprikapulver, edelsüß (optional)
¼ TL Kurkuma (optional)
1 EL Zitronensaft (optional)
Salz und Pfeffer

Nach Belieben zum Garnieren

Veganer Parmesan (S. 137)
Chiliflocken
Frische Kräuter (z. B. Petersilie oder Basilikum)

Nährwerte pro Portion: 543 kcal, Fett 12 g, KH 90 g, EW 17 g. Frei von raffiniertem Zucker, optional glutenfrei.

1. **Cashewkerne** über Nacht einweichen oder 15 Minuten in Wasser kochen.
2. Die **Süßkartoffel** gemeinsam mit den Cashewkernen und der **Gemüsebrühe** (oder **Wasser**) in einen Topf geben. Etwa 10 Minuten bzw. so lange kochen, bis alles weich genug zum Pürieren ist.
3. In der Zwischenzeit die **Nudeln** nach Packungsanweisung in einem Topf mit gesalzenem Wasser al dente kochen.
4. Während die Süßkartoffel und die Nudeln kochen, das **Öl** in einer Pfanne bei mittlerer Temperatur erhitzen und die gewürfelte **Zwiebel** 2–3 Minuten anbraten. Dann den gehackten **Knoblauch** hinzugeben und 1 weitere Minute mitbraten.
5. Wenn die Süßkartoffel fertig gegart ist, den gesamten Topfinhalt (inklusive Cashews und Kochwasser) zusammen mit den gebratenen Zwiebeln, Knoblauch, **Hefeflocken, Paprikapulver, Kurkuma, Zitronensaft,** etwas **Salz** und **Pfeffer** in einen Mixer geben und cremig pürieren. Dabei ggf. mehr Wasser bis zur gewünschten Konsistenz hinzugeben. (Optional kann man auch einen Pürierstab verwenden und alles direkt im Topf pürieren, dabei aber bitte aufpassen, dass man sich nicht verbrennt.) Die Sauce anschließend abschmecken.
6. Sobald die Nudeln al dente sind, das Kochwasser abgießen und die Nudeln mit der Sauce vermengen. Nach Wunsch mit veganem **Parmesankäse, Chiliflocken** und frischen **Kräutern** garnieren.

♥ Die Sauce hält sich in einem verschlossenen Glas und im Kühlschrank aufbewahrt bis zu 5 Tage. Man kann sie aber auch einfrieren.

♥ Die cremige Süßkartoffel-Sauce schmeckt nicht nur zu Pasta, sondern auch zu Gemüse, Kartoffeln oder Reis. Außerdem eignet sie sich auch hervorragend als vegane Käsesauce für Pizza, Quesadillas, Empanadas, Burger, Pommes und vieles mehr!

BIANCA
ZAPATKA

Tomaten-Pesto mit Spaghetti

Zubereitung: 20 Minuten

Zutaten für 1 Glas

50 g Pinienkerne (oder andere Nüsse oder Kerne)
1 Glas (180 g) sonnengetrocknete Tomaten in Öl (oder 100 g getrocknete Tomaten + ca. 80 ml Olivenöl)
2 Knoblauchzehen
1 TL Balsamico-Essig (oder anderer Essig nach Geschmack)
Salz und Pfeffer
2–3 EL veganer Parmesan (S. 137) oder Hefeflocken (optional nach Geschmack)

Zum Servieren

Spaghetti (bei Bedarf glutenfrei)

Nach Belieben zum Garnieren

Kirschtomaten, halbiert
Frisches Basilikum

Nährwerte pro Glas: 599 kcal, Fett 44 g, KH 29 g, EW 13 g. Frei von raffiniertem Zucker, optional glutenfrei.

1. Zunächst die **Pinienkerne** in einer Pfanne ohne Zugabe von Öl unter häufigem Schwenken ca. 2–3 Minuten goldbraun rösten.
2. Die gerösteten Pinienkerne etwas abkühlen lassen und dann in einen kleinen Mixer oder in ein schmales hohes Gefäß geben.
3. **Getrocknete Tomaten** samt **Öl, Knoblauchzehen, Balsamico-Essig** sowie etwas **Salz** und **Pfeffer** – nach Wunsch veganen **Parmesan** oder **Hefeflocken** ebenfalls hinzufügen – im Mixer fein oder mit einem Stabmixer sämig pürieren. Bei Bedarf noch mehr Olivenöl und Gewürze dazugeben.
4. Anschließend das Pesto in ein sauberes Glas mit Schraubverschluss füllen und im Kühlschrank aufbewahren (das Pesto sollte immer mit Olivenöl bedeckt sein, damit es lange haltbar ist).
5. Die **Nudeln** nach Packungsanleitung kochen. Sobald sie al dente sind, das Kochwasser abgießen und die Nudeln sofort mit Pestomenge nach Wunsch vermengen.
6. Die Pesto-Spaghetti nach Belieben mit noch mehr veganem Parmesan und Pinienkernen bestreuen und mit halbierten **Kirschtomaten** und frischem **Basilikum** garnieren.

Guten Appetit!

Tipps

- Wer mag, kann noch frische oder getrocknete italienische Kräuter wie Basilikum, Oregano, Thymian, Rosmarin, Petersilie etc. hinzufügen.
- Das Pesto Rosso ist ca. 1 Monat im Kühlschrank haltbar, wenn es in einem sauberen Glas aufbewahrt wird und stets mit Olivenöl bedeckt ist.

Tahini-Pasta mit Kichererbsen

Vorbereitung: 5 Minuten
Zubereitung: 15 Minuten

Zutaten für 4 Portionen

340 g Spaghetti (oder andere Nudeln, bei Bedarf glutenfrei)

Tahini-Sauce

2 EL Olivenöl (oder Raps-, Sesam- oder Avocadoöl)
4 Knoblauchzehen, gehackt
120 ml Tahini (oder Sonnenblumenkern- oder Cashewmus)
120 ml Wasser (oder ungesüßte Pflanzenmilch, bei Bedarf mehr bis zur gewünschten Konsistenz)
15 g Hefeflocken
Saft von 1 Zitrone (ca. 45 ml, oder nach Belieben)
2 TL Miso-Paste (oder 1–2 EL Tamari-Sauce oder andere Sojasauce oder Kokos-Aminos, falls sojafrei)
Salz und Pfeffer
1 EL Ahornsirup (oder nach Geschmack)

Knusprige Kichererbsen

1 Dose Kichererbsen (240 g Abtropfgewicht), abgespült und abgetropft
2 EL Olivenöl
2 TL Currypulver
Je ½ TL Salz und Pfeffer (oder nach Geschmack)
1 EL abgeriebene Zitronenschale (optional)

Nach Belieben zum Garnieren

Frische Petersilie (oder andere Kräuter), gehackt

Nudeln und Sauce

1. Die **Nudeln** nach Packungsanweisung al dente kochen. Anschließend abgießen.
2. Während die Nudeln kochen, das **Öl** in einer Pfanne auf niedriger bis mittlerer Stufe erhitzen und den **Knoblauch** darin kurz anrösten. Dann den gerösteten Knoblauch zusammen mit allen weiteren **Zutaten** für die Tahini-Sauce in einem Mixer oder mit dem Pürierstab cremig pürieren, dabei ggf. mehr **Wasser** oder **Pflanzenmilch** bis zur gewünschten Konsistenz hinzufügen. Abschmecken und bei Bedarf nachwürzen.

Knusprige Kichererbsen

1. Die **Kichererbsen** mit Papiertüchern oder einem sauberen Geschirrtuch sehr trocken tupfen. **Olivenöl** in einer großen Pfanne auf mittlerer Stufe erhitzen und die Kichererbsen unter gelegentlichem Wenden etwa 10 Minuten rösten, bis sie anfangen, knusprig zu werden. **Currypulver, Salz, Pfeffer** und **Zitronenschale** einrühren und das Ganze weitere 1–2 Minuten rösten, bis die Kichererbsen goldbraun und knusprig sind.
2. Die Kichererbsen auf einen Teller geben und die Pfanne wieder zurück auf den Herd stellen.

Garnieren und servieren

1. Die Nudeln und die Sauce in die Pfanne geben und durchschwenken, bis alles gut vermischt und warm ist.
2. Die cremige Tahini-Pasta in Schüsseln servieren. Mit den knusprigen Kichererbsen belegen und mit **frischer Petersilie** oder anderen **Kräutern** nach Wahl garnieren.

Nährwerte pro Portion: 744 kcal, Fett 35 g, KH 76 g, EW 26 g. Frei von raffiniertem Zucker, optional glutenfrei.

- Bewahrt man eine Tasse des Nudelwassers auf, kann man es später der Sauce hinzufügen.
- Reste halten sich in einem luftdichten Behälter im Kühlschrank 3–4 Tage. Beim Aufwärmen nach Bedarf einen Schuss Wasser oder Pflanzenmilch hinzufügen.

© BIANCA
ZAPATKA

FOOD
LOVE
BIANCA
ZAPATKA

Tandoori-Blumenkohl-Bowl

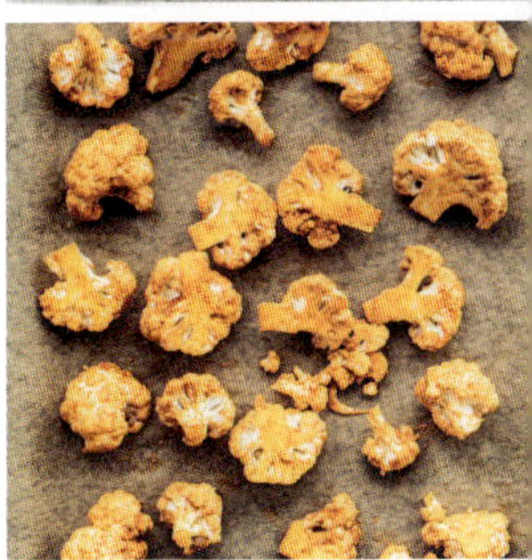

Vorbereitung: 10 Minuten
Zubereitung: 35 Minuten

Zutaten für 4 Portionen

Tandoori-Blumenkohl

1 mittelgroßer Blumenkohl (ca. 700 g Blumenkohlröschen)
1½ EL Tandoori-Paste (oder Tikka-Masala-Paste)
3 EL veganer Joghurt (nach griechischer Art oder »Skyr-Style«)
2 EL Öl (z. B. Erdnuss- oder Sesamöl, ungeröstet)

Geröstete Kichererbsen

1 Dose Kichererbsen (240 g Abtropfgewicht), abgespült und abgetropft
1–2 TL Paprikapulver, edelsüß
2 TL Öl (z. B. Raps- oder Olivenöl)
½ TL Salz
½ TL Pfeffer (oder Chilipulver nach Geschmack)

Curry-Knoblauch-Reis

2 EL Öl (z. B. Kokos-, Raps- oder Olivenöl) oder vegane Butter
4 Knoblauchzehen, fein gehackt
1–2 TL Currypulver
1 Tasse Basmati-Reis (oder anderer Reis)
3 Tassen Wasser
1 Prise Salz

Nährwerte pro Portion: 490 kcal, Fett 25 g, KH 45 g, EW 15 g. Frei von raffiniertem Zucker, glutenfrei.

Zum Servieren

Minz-Joghurt-Sauce (S. 87)
Salatmix (nach Belieben, z. B. Babyspinat, Mangold, Rucola)
4 Mini-Gurken, in dünne Scheiben geschnitten
8 Radieschen, in dünne Scheiben geschnitten

Nach Belieben zum Garnieren

4 EL Mandelblättchen
Granatapfelkerne von ½ Granatapfel
Koriander (oder andere Kräuter)

1. Den Backofen auf 200 °C Umluft (oder 220 °C Ober-/Unterhitze) vorheizen. Den **Blumenkohl** in kleine Röschen teilen, größere Röschen ggf. halbieren.
2. Blumenkohlröschen, **Tandoori-Paste, Joghurt** und **Öl** in eine große Schüssel geben und vermengen. Dann die Blumenkohlröschen auf ein mit Backpapier ausgelegtes Backblech legen und je nach Größe der Röschen ca. 20–25 Minuten backen, bis der Blumenkohl gar ist.
3. In einer anderen Schüssel **Kichererbsen, Paprikapulver, Öl, Salz** und **Pfeffer** vermengen. Ebenfalls auf ein mit Backpapier ausgelegtes Backblech legen und ca. 20–25 Minuten backen, bis die Kichererbsen knusprig sind, dabei zwischendurch einmal durchmischen. Anschließend herausnehmen und vom Blech nehmen. **Mandelblättchen** auf dem Blech verteilen und ca. 3–5 Minuten rösten, bis sie leicht gebräunt sind.

Fortsetzung auf Seite 146 

Tandoori-Blumenkohl-Bowl

Fortsetzung von Seite 145

4. Während der Blumenkohl und die Kichererbsen im Ofen sind, den Reis kochen. Hierfür das **Öl** in einem Topf bei mittlerer Hitze erhitzen. Den gehackten **Knoblauch** hinzufügen und 1 Minute unter Rühren anbraten. Dann das **Currypulver** und den **Reis** hinzugeben und ein paar Sekunden anrösten. Mit **Wasser** ablöschen, 1 Prise **Salz** hinzufügen und zum Kochen bringen. Die Hitze auf niedrige Stufe reduzieren und einen Deckel auflegen. Etwa 10 Minuten (oder laut Packungsanweisung) kochen, bis der Reis gar ist und das Wasser aufgesogen wurde.
5. In der Zwischenzeit die **Minz-Joghurt-Sauce** zubereiten und die restlichen Zutaten zum Servieren vorbereiten.
6. Sobald alles fertig ist, den Curry-Knoblauch-Reis und den **Salatmix** auf Schüsseln verteilen. Den Tandoori-Blumenkohl mit den knusprigen Kichererbsen und der Joghurt-Sauce auf dem Reis anrichten. Die **Gurken** und die **Radieschen** dazwischen verteilen und das Gericht zuletzt nach Belieben mit **Granatapfelkernen,** Mandelblättchen und **Koriander** garnieren.

Tipps

- **Tandoori-Paste:** Alternativ kann man eine andere indische Würzpaste nehmen. Je nachdem wie intensiv sie ist, das Verhältnis von Joghurt und Paste anpassen.
- Bei der Verwendung von Umluft können beide Bleche problemlos gleichzeitig im Ofen sein. Nutzt man Ober-/Unterhitze, sollten die Bleche zwischendurch getauscht werden.
- Statt Reis kann man auch Quinoa, Hirse oder Couscous nehmen.
- Frisches Gemüse kann beliebig ausgetauscht oder auch weggelassen werden. Zur Bowl passt auch gebratenes oder gegrilltes Gemüse!
- Kichererbsen können durch geröstete Erdnüsse, Cashew-, Sonnenblumen- oder Pinienkerne ersetzt werden.
- Statt der Joghurt-Minz-Sauce kann man auch Hummus, Baba Ghanoush oder eine Currysauce zubereiten.
- Veganer Feta oder Avocado sind ebenfalls eine leckere Ergänzung!

Linsenburger

Vorbereitung: 5 Minuten
+ 30 Minuten Garzeit
+ 30 Minuten Kühlzeit
Zubereitung: 15 Minuten

Zutaten für 4–5 Burger

200 g braune Linsen
Wasser, gesalzen (oder Gemüsebrühe)
1–2 TL Öl (+ mehr zum Braten der Patties)
1 Zwiebel, fein gehackt
3 Knoblauchzehen, gehackt
1 Karotte, fein gehackt
1½ EL Tamari-Sauce (oder andere Sojasauce)
1 EL Tomatenmark
1 EL Paprikapulver, edelsüß
½ Bund Petersilie, fein gehackt
60 g Paniermehl (aus Vollkorn oder glutenfrei)
Salz und Pfeffer

Zum Servieren

Burger-Sauce (S. 83)
4–5 Burger-Brötchen
Vegane Burger-Käsescheiben
Tomaten, Gurken, Salat, rote Zwiebeln

Nährwerte pro Burger (bei 5 Burgern insgesamt): 401 kcal, Fett 14 g, KH 256 g, EW 12 g. Frei von raffiniertem Zucker, optional glutenfrei.

1. Die **Linsen** unter fließendem Wasser abspülen und abtropfen lassen, anschließend mit der doppelten Menge **Salzwasser** oder **Gemüsebrühe** in einen Topf geben. Zum Kochen bringen, die Hitze reduzieren und zugedeckt etwa 30 Minuten kochen, bis die Linsen gar sind. In ein Sieb geben, um überschüssige Flüssigkeit zu entfernen, und abkühlen lassen, bevor sie in die Küchenmaschine gegeben werden.
2. 1–2 TL **Öl** in einer Pfanne auf mittlerer Stufe erhitzen und die **Zwiebelwürfel** darin 2–3 Minuten anbraten, bis sie glasig sind. Den **Knoblauch** hinzufügen und 1 weitere Minute anbraten, bis er duftet. Dann die **Karottenwürfel** und die **Tamari-Sauce** dazugeben und unter gelegentlichem Rühren einkochen lassen, bis die Flüssigkeit verdampft ist. 1 Minute zum Abkühlen beiseitestellen.
3. Linsen, gebratenes Gemüse, **Tomatenmark, Paprikapulver, Petersilie** und die Hälfte des **Paniermehls** in eine Küchenmaschine geben und zu einer groben Masse verarbeiten. Abschmecken und mit **Salz** und **Pfeffer** würzen. Das restliche Paniermehl hinzufügen und nochmals kurz durchmixen, bis alles gut vermischt ist, aber noch eine gewisse Textur zurückbleibt.
4. Die Mischung in eine Schüssel geben, abdecken und mindestens 30 Minuten (oder über Nacht) in den Kühlschrank stellen. (Wenn die Mischung nach dem Kühlen noch zu feucht ist, einfach mehr Paniermehl hinzufügen. Wenn die Mischung zu trocken ist, etwas Wasser dazugeben.) In der Zwischenzeit die **Burger-Sauce** zubereiten.
5. Die Mischung zu 4–5 großen (oder mehreren kleinen) Burger-Patties formen.
6. Etwas Öl in einer beschichteten Pfanne bei mittlerer bis hoher Temperatur erhitzen. Die Frikadellen hineingeben und auf jeder Seite etwa 5–6 Minuten braten, bis sie goldbraun und knusprig sind (beim Wenden vorsichtig sein, da sie ziemlich zart sind).
7. Die **Burger-Brötchen** toasten (oder im Ofen erwärmen) und die Brötchenhälften im Anschluss mit der Burger-Sauce bestreichen. Die Patties auf die unteren Hälften geben und die veganen **Käsescheiben** auf den Patties platzieren. Danach mit **Tomaten, Gurken, Salat,** und **roten Zwiebeln** belegen und mit den oberen Brötchenhälften abschließen.

Fortsetzung auf Seite 148 

Linsenburger

Fortsetzung von Seite 147

Tipps

- **Größe:** Die Burger sind außen knusprig, aber innen weich und cremig. Wer sie gerne knuspriger mag, sollte kleinere und flachere Patties formen.
- **Linsen:** Alternativ kann man auch schwarze Bohnen, Kidney-, Pinto- oder Cannellini-Bohnen verwenden oder eine Mischung aus Bohnen und Linsen ausprobieren.
- **Paniermehl:** Wer kein Vollkorn-Paniermehl oder glutenfreies Paniermehl zur Hand hat, kann es auch leicht selbst herstellen: trockenes Brot zerkleinern und in der Küchenmaschine zu Krümeln verarbeiten. Oder man ersetzt es einfach durch Hafermehl.
- **Nüsse:** Man kann auch noch einige gehackte Nüsse, Kerne oder Saaten zur Pattymischung geben, z. B. Walnüsse, Pekannüsse, geröstete Pinienkerne, Kürbiskerne, Sonnenblumenkerne oder Hanfsamen.
- **Backofen-Methode:** Die Burgerpatties können auch im Ofen zubereitet werden. Sie hierfür bei 180 °C Ober-/Unterhitze etwa 30–40 Minuten lang backen und nach der Hälfte der Zeit wenden. Vor dem Backen mit etwas Öl einpinseln, damit sie außen knusprig werden.
- **Vorbereiten, Aufbewahren und Einfrieren:** Die Patties können bis zu 5 Tage im Voraus zubereitet werden. Anschließend abgedeckt auf einem Teller oder einzeln verpackt im Kühlschrank aufbewahren, um sie später zuzubereiten. Einfrieren kann man sie bis zu 2 Monate.
- **Verdauung:** Um die Verdauung zu fördern und Blähungen zu reduzieren, die Linsen vor dem Kochen mindestens 6 Stunden lang einweichen.
- **Verwendung:** Die Linsen-Frikadellen eignen sich nicht nur als Burger-Patties, sondern können auch einfach mit einem Lieblingsdip serviert werden.

Tempeh-Reisnudel-Bowl

Vorbereitung: 25 Minuten
Zubereitung: 5 Minuten

Zutaten für 4 Portionen

Marinierter Tempeh

3 EL Tamari-Sauce (oder andere Sojasauce)
1 EL Sesamöl, ungeröstet (oder Erdnussöl) + mehr zum Braten
1 EL Reisessig (oder anderer Essig oder Zitronen-/Limettensaft)
1 EL Ahornsirup (oder anderer Sirup)
1 TL Sriracha-Sauce (oder Chilipaste nach Geschmack)
2 Knoblauchzehen
1 Stück Ingwer (ca. 5 cm)
200 g Tempeh (oder Tofu)

Nudeln und Gemüse

200 g Reisnudeln (oder andere Nudeln oder Reis oder Quinoa)
6 Radieschen
4 Mini-Gurken
1 rote Paprika
2 große Karotten
3–4 Frühlingszwiebeln (+ mehr zum Garnieren)
2 Handvoll frischer Babyspinat

Zum Servieren und Garnieren

Saté-Sauce (S. 76)
2 EL Sesam
4 EL geröstete Erdnüsse
Limettenspalten

Nährwerte pro Portion: 669 kcal, Fett 31 g, KH 69 g, EW 26 g. Frei von raffiniertem Zucker, glutenfrei.

Marinierter Tempeh

1. Für die Marinade **Tamari-Sauce, Sesamöl, Reisessig, Ahornsirup** und **Sriracha-Sauce** in ein verschließbares Gefäß geben. Den **Knoblauch** hinzupressen, den **Ingwer** hineinreiben und alles verrühren.
2. Den **Tempeh** in Würfel schneiden und in die Marinade geben. Das Gefäß verschließen und gut schütteln, bis der Tempeh vollständig mariniert ist. Anschließend mindestens 20 Minuten (oder über Nacht) im Kühlschrank ziehen lassen.

Nudeln und Gemüse

1. Während der Tempeh durchzieht, kann man sich um die **Reisnudeln** und das Gemüse kümmern. Zunächst das Gemüse vorbereiten, hierfür die **Radieschen** und die **Mini-Gurken** in feine Scheiben hobeln, die **Paprika** und die **Karotten** in feine Streifen, die **Frühlingszwiebeln** in feine Ringe schneiden.
2. Dann die Reisnudeln mit kochendem Wasser übergießen und 10 Minuten (oder laut Packungsanweisung) gar ziehen lassen. In ein Sieb abgießen, mit frischem Wasser abspülen und abtropfen lassen.

Braten und Anrichten

1. Sobald der Tempeh durchgezogen ist, etwa 1–2 EL Öl in einer Pfanne (oder einem Wok) auf mittlerer Stufe erhitzen. Den Tempeh aus der Marinade nehmen und von allen Seiten anbraten. Mit der restlichen Marinade kann man die **Saté-Sauce** zubereiten.
2. Die Reisnudeln und das Gemüse in Schüsseln anrichten. Den Tempeh darauf verteilen und mit Saté-Sauce begießen. Zuletzt noch mit Frühlingszwiebeln, **Sesam** und **Erdnüssen** garnieren und mit **Limettenspalten** an der Seite servieren.

Tipps

♥ Reste lassen sich in luftdichten Behältern im Kühlschrank bis zu 3 Tage aufbewahren. Darauf achten, dass die Sauce separat aufbewahrt wird, da sie sonst das Gemüse matschig werden lässt. Restliche Erdnusssauce kann sogar 1 Woche im Kühlschrank aufbewahrt werden. Sie wird im Kühlschrank eindicken, lässt sich vor dem Servieren aber mit ein wenig Wasser verdünnen.

♥ **Meal-Prep-Tipp:** Im Voraus den Tempeh marinieren, die Reisnudeln kochen sowie die Erdnusssauce und das Gemüse vorbereiten, dann kann man die ganze Woche über schnelle Lunch-Bowls zubereiten!

Blumenkohl-Pizza

Vorbereitung: 5 Minuten
+ 6 Minuten Garzeit
Zubereitung: 5 Minuten
+ 35–40 Minuten Backzeit

Zutaten für 8 Stücke

1 mittlerer Kopf Blumenkohl (etwa 500 g)
2 EL Leinmehl (oder gemahlene Chiasamen)
60 g Mandelmehl (oder Kichererbsenmehl)
3 EL Hefeflocken (optional)
½ TL Salz
¼ TL Pfeffer
½ TL Knoblauchpulver (oder 1 gehackte Knoblauchzehe)
1 TL italienische Kräuter (z. B. eine Mischung aus Basilikum, Oregano und Thymian)

Nach Wunsch zum Belegen

Tomatensauce, selbst gemacht (S. 92) oder gekauft
Kirschtomaten
Pilze
Zwiebeln
Oliven
Veganer Mozzarella
Veganer Reibekäse
Basilikum

1. Den **Blumenkohl** in der Küchenmaschine zu Blumenkohlreis verarbeiten. Dann in der Mikrowelle bei 800 Watt oder im Dampfgarer ca. 6 Minuten garen. Anschließend abkühlen lassen, danach in ein sauberes Geschirrtuch geben und überschüssige Flüssigkeit so gut es geht auswringen.
2. Den Blumenkohlreis in eine Schüssel geben. **Leinmehl, Mandelmehl, Hefeflocken, Salz, Pfeffer, Knoblauchpulver** und **italienische Gewürze** dazugeben und alles zu einem Teig vermengen.
3. Den Backofen auf 200 °C Ober-/Unterhitze vorheizen und ein Backblech mit Backpapier auslegen.
4. Den Blumenkohl-Pizzateig auf das vorbereitete Blech geben. Ein Stück Frischhaltefolie darauflegen (damit der Teig nicht kleben bleibt) und den Teig zu einer dünnen Pizza ausrollen.
5. Den Teig ca. 20–25 Minuten backen. Dann (wenn möglich) mit einem Pfannenwender wenden und 5 Minuten weiter backen.
6. Währenddessen die **Tomatensauce** und die **Toppings** vorbereiten.
7. Die Tomatensauce auf der Pizza verteilen und die Pizza nach Belieben belegen und nochmal für 10 Minuten backen.

Nährwerte pro Stück (Basisvariante): 59 kcal, Fett 1 g, KH 5 g, EW 6 g. Frei von raffiniertem Zucker, glutenfrei.

Tipps

Womit kann ich eine vegane Pizza belegen? Was gibt es für vegane Pizzabeläge? Die Antwort lautet: endlos viele! Es gibt zahlreiche pflanzliche Toppings, die man für vegane Pizza verwenden kann. Hier sind einige Vorschläge:

- **Basis:** Tomatensauce oder ein leckeres Pesto
- **Gemüse:** Tomaten, Paprika, Zucchini, Aubergine, Brokkoli, Spinat, Pilze, Zwiebeln, Knoblauch, Rucola, Mais, Erbsen
- **Früchte:** Ananas, Avocado
- **Protein:** Kichererbsen, Edamame, Bohnen, Tofu, veganes Hack
- **Extras:** Oliven, Kapern, Peperoni, Artischocken
- **Käse-Alternative:** Veganer Mozzarella, veganer Schnittkäse, Tofu-Feta, veganer Parmesan (S. 137)
- **Gewürze:** Oregano, Basilikum, Thymian, Salz, Pfeffer

Kartoffel-Hack-Auflauf

Vorbereitung: 20 Minuten
Zubereitung: 10 Minuten
+ 20 Minuten Backzeit

Zutaten für 4 Portionen

650 g Kartoffeln, vorwiegend festkochend
3 EL Olivenöl (oder ein anderes Öl) zum Braten
250 g veganes Hack aus der Kühlabteilung
1 Zwiebel, gehackt
2–3 Knoblauchzehen, gehackt
1 Stange Lauch, in Ringe geschnitten
200 g Champignons oder andere Pilze, in Scheiben geschnitten (optional)
1–2 EL Tomatenmark
½ EL Paprikapulver, edelsüß
½ EL italienische Kräutermischung (z. B. aus Basilikum, Oregano, Thymian, Rosmarin)
Salz und Pfeffer
200 ml Soja- oder Hafer-Cuisine (oder andere Pflanzensahne)
100 g veganer Reibekäse

Nach Belieben zum Garnieren

Veganer Parmesan (S. 137)
Geröstete Pinienkerne
Frische Petersilie und Thymian (oder andere Kräuter)

Nährwerte pro Portion: 492 kcal, Fett 26 g, KH 49 g, EW 17 g. Frei von raffiniertem Zucker, glutenfrei.

1. Die **Kartoffeln** samt Schale in einem Topf mit gesalzenem Wasser ca. 20 Minuten (je nach Größe) bissfest garen. Anschließend abgießen und ausdampfen lassen (oder Pellkartoffeln vom Vortag nehmen).
2. In der Zwischenzeit 2 EL **Öl** in einer großen Pfanne auf hoher Stufe erhitzen und das vegane **Hack** nach Packungsanweisung krümelig braten.
3. Hitze reduzieren und in der Mitte etwas Platz schaffen. Restliches Öl, **Zwiebel** und **Knoblauch** in die Mitte geben und 2–3 Minuten andünsten.
4. **Lauch** und **Champignons** hinzugeben und weitere 2–3 Minuten braten. Dann **Tomatenmark, Paprikapulver, italienische Kräuter** sowie etwas **Salz** und **Pfeffer** hinzufügen. Mit **Soja-** oder **Hafer-Cuisine** aufgießen, alles gut vermengen und bei niedriger Hitze 5 Minuten zugedeckt köcheln lassen. Anschließend abschmecken.
5. Den Backofen auf 200 °C Ober-/Unterhitze (180 °C Umluft) vorheizen. Eine ofenfeste Pfanne oder eine Auflaufform mit ein wenig Öl bepinseln.
6. Die gekochten Kartoffeln pellen und in Scheiben schneiden. Dann abwechselnd mit der Hack-Lauch-Champignon-Mischung in die Pfanne/Form schichten. Zum Schluss mit veganem **Käse** bestreuen und im vorgeheizten Backofen ca. 20 Minuten goldbraun backen.
7. Nach Belieben mit veganem **Parmesan,** gerösteten **Pinienkernen,** frischer **Petersilie** und **Thymian** garnieren.

Guten Appetit!

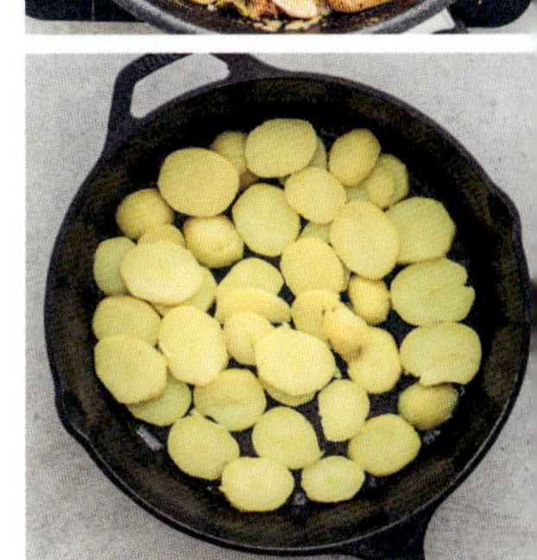

Tipps

- Der Auflauf lässt sich gut einen Tag vorher vorbereiten. In diesem Fall über Nacht im Kühlschrank ziehen lassen und erst am nächsten Tag backen.
- Statt Hack kann man auch gekochte Linsen verwenden. Wer seinen Auflauf etwas schärfer mag, kann noch Cayennepfeffer oder Chilipulver bzw. Chiliflocken zu der Pilz-Hack-Mischung hinzugeben. Zudem kann man das Gericht auch mit Jalapeños garnieren.
- Zu dem Auflauf passt ein frischer Salat.

Fisch-Frikadellen

Vorbereitung: 15 Minuten
Zubereitung: 15 Minuten

Zutaten für 12 Frikadellen

1 Dose Kichererbsen (240 g Abtropfgewicht)
1 Dose Jackfruit in Salzlake (240 g Abtropfgewicht)
120 g gekochte Kartoffeln, vom Vortag
1 Karotte (80 g), fein geraspelt
2 Frühlingszwiebeln, fein gehackt
3 EL Petersilie, fein gehackt
1 Nori-Blatt (oder 2–3 EL Algenflocken)
1 EL Tomatenmark
2 TL mittelscharfer Senf
3 EL veganer Joghurt Natur (z. B. »Skyr-Style«) oder vegane Mayonnaise (S. 84)
2 TL Fischgewürz (siehe Tipps)
1 TL Knoblauchpulver (oder 2 frische Knoblauchzehen, gepresst)
1 TL Salz (oder nach Geschmack)
60 g Paniermehl (oder gemahlene Haferflocken, bei Bedarf glutenfrei) + etwas mehr zum Wälzen
Pflanzenöl zum Braten

Nach Belieben zum Servieren

Vegane Remoulade (S. 84)
Zitronenscheiben
Kapern
Chiliflocken
Frische Petersilie und Dill
Burger-Brötchen

1. **Kichererbsen** und **Jackfruit** abgießen, abspülen und mit einem sauberen Geschirrtuch gut trocken rubbeln. Die harten Stiele der Jackfruit abschneiden und fein hacken. Den zarten Anteil der Jackfruit mit einer Gabel oder mit den Händen »zerrupfen«. Anschließend nochmal sorgfältig trocken tupfen.
2. Die Kichererbsen und die **Kartoffeln** in eine große Schüssel geben und mit einer Gabel oder einem Kartoffelstampfer grob zerdrücken.
3. Zerkleinerte Jackfruit, fein geraspelte **Karotte,** fein gehackte **Frühlingszwiebeln** und **Petersilie,** gemahlene **Nori-Algen** (siehe Tipps) sowie alle restlichen **Zutaten** zu der Kartoffel-Kichererbsen-Mischung geben und alles gut vermengen. (Optional: Für noch mehr Aroma kann man die Schüssel anschließend abdecken und 1–2 Stunden oder über Nacht ziehen lassen.)
4. Anschließend aus der Mischung ca. 12 Frikadellen formen und diese in **Paniermehl** wälzen.
5. Etwas **Öl** in einer großen Pfanne auf mittlerer Stufe erhitzen und die Frikadellen darin von jeder Seite ca. 3–4 Minuten goldbraun und knusprig braten.
6. Die veganen Fisch-Frikadellen nach Belieben mit **Remoulade, Zitronenscheiben, Kapern, Chiliflocken** sowie frischer **Petersilie** und **Dill** anrichten und mit gewünschten Beilagen oder auf **Burger-Brötchen** servieren.

Nährwerte pro Frikadelle: 71 kcal, Fett 1g, KH 11g, EW 3g.
Frei von raffiniertem Zucker, optional glutenfrei.

♥ **Fischgewürz:** Stattdessen lässt sich auch eine andere Gewürzmischung nach Wahl verwenden.
♥ **Nori:** Das Nori-Blatt entweder mit einer Schere in kleine Stücke schneiden oder in einer Kaffeemühle fein mahlen. Alternativ kann man auch Algenflocken nehmen.
♥ **Ofen:** Man kann die Frikadellen auch mit Öl bestreichen und dann im vorgeheizten Backofen bei 220 °C Ober-/Unterhitze für ca. 15 Minuten backen.

FOOD
LOVE

Schlemmerfilet mit Kartoffelpüree und Rahmspinat

Vorbereitung: 10 Minuten
Zubereitung: 20 Minuten

Zutaten für 4 Portionen
400 g Tofu
1 Nori-Blatt
120 g vegane Butter (oder Margarine)
2 Zwiebeln, fein gehackt
4 Knoblauchzehen, fein gehackt
3 TL Paprikapulver, edelsüß
4 EL Hefeflocken (oder veganer Parmesan, S. 137)
120 g Panko-Paniermehl (oder glutenfreies Paniermehl)
1 Bund Petersilie und Dill gemischt, gehackt
Saft von 1 Zitrone
Salz und Pfeffer

Kartoffelpüree
1 kg Kartoffeln, geschält und gewürfelt
3 EL vegane Butter oder Margarine, geschmolzen
120 ml Pflanzenmilch (oder weniger/mehr bis zur gewünschten Cremigkeit)
Salz und Pfeffer

Rahmspinat
1 EL Öl (z. B. Raps-, Oliven-, Kokosöl) oder vegane Butter
1 große Zwiebel, gewürfelt
3–4 Knoblauchzehen, fein gehackt
1–2 EL Weizen- oder Dinkelmehl (oder glutenfreie Mehlmischung)
2 EL Hefeflocken oder veganer Parmesan (S. 137)
2 TL Gemüsebrühepulver
250 ml Soja- oder Hafer-Cuisine (oder andere Pflanzensahne)
400 g TK-Blattspinat
Salz und Pfeffer
1 Prise Muskat (optional)

Sauce hollandaise
80 g vegane Butter oder Margarine
20 g Weizen- oder Dinkelmehl (oder glutenfreie Mehlmischung)
200 ml Gemüsebrühe
200 ml Soja- oder Hafer-Cuisine (oder andere Pflanzensahne)
15 ml Weißwein (optional)
2 TL Senf
1 TL Zitronensaft
1 Prise Kurkuma (optional für die Farbe)
2 EL Hefeflocken (optional)
Salz und Pfeffer
1 Prise Kala Namak (optional für den Ei-Geschmack)

Nach Belieben zum Garnieren
Zitronenscheiben
Petersilie und Dill (oder andere frische Kräuter)

1. Den Backofen auf 220 °C Ober-/Unterhitze vorheizen und eine passende Auflaufform bereitstellen.
2. Den **Tofu-Block** längs in vier flache Scheiben schneiden. Das **Nori-Blatt** so zurechtschneiden, dass es auf die vier Tofufilets passt.
3. Die Tofufilets nebeneinander in die Auflaufform legen und die Nori-Blätter darauf platzieren. Beiseitestellen.
4. Für die Bordelaise-Kruste die vegane **Butter** in einer Pfanne bei mittlerer Temperatur erhitzen und die **Zwiebeln** ca. 3–4 Minuten glasig dünsten. Dann **Knoblauch** hinzufügen und 1 Minute mitbraten. Zuletzt **Paprikapulver, Hefeflocken, Panko-Paniermehl, Petersilie, Dill** und **Zitronensaft** dazugeben und alles gut vermengen. Mit **Salz** und **Pfeffer** würzen und kurz abkühlen lassen.
5. Die Panade gleichmäßig auf die Tofufilets verteilen und vorsichtig andrücken (das geht am einfachsten, wenn die Backform so groß wie die Tofufilets ist oder man presst die Panaden-Mischung zunächst in eine mit Frischhaltefolie ausgelegte Aufbewahrungsdose).
6. Den Tofu à la Bordelaise ca. 15 Minuten backen. Danach den Backofengrill anschalten und weitere 2–3 Minuten backen, damit der Knuspermantel schön goldbraun wird. Während der Tofu im Ofen ist, die Beilagen zubereiten.

Fortsetzung auf Seite 160 

Schlemmerfilet mit Kartoffelpüree und Rahmspinat

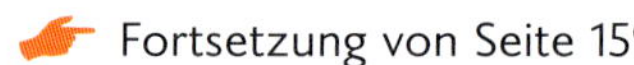
Fortsetzung von Seite 159

Kartoffelpüree

1. **Kartoffeln** in einem großen Topf mit gesalzenem Wasser etwa 15 Minuten gar kochen. Dann das Wasser abgießen und die Kartoffeln wieder in den Topf geben und ohne Deckel 1–2 Minuten ausdampfen lassen.
2. Die Kartoffeln mit einer Kartoffelpresse oder einem Kartoffelstampfer zerdrücken. Geschmolzene vegane **Butter, Pflanzenmilch, Salz** und **Pfeffer** hinzufügen und alles kurz cremig rühren.

Rahmspinat

1. **Öl** in einer Pfanne auf mittlerer Stufe erhitzen und die **Zwiebel** 2–3 Minuten anbraten. Danach den **Knoblauch** dazugeben und 1 Minute anrösten.
2. **Mehl, Hefeflocken, Gemüsebrühepulver** und **Soja- oder Hafer-Cuisine** einrühren, kurz aufkochen lassen. Anschließend den **Spinat** hinzufügen und ca. 5 Minuten abgedeckt köcheln lassen, bis er aufgetaut ist. Mit **Salz, Pfeffer** und 1 Prise **Muskat** (optional) würzen und abschmecken.

Sauce hollandaise

1. Die vegane **Butter** langsam in einem Topf zerlassen. Das **Mehl** unterrühren und kurz aufkochen, bis eine Mehlschwitze entsteht. Dann die **Gemüsebrühe** und die **Soja- oder Hafer-Cuisine** in die Mehlschwitze einrühren.
2. **Weißwein, Senf, Zitronensaft** und 1 Prise **Kurkuma** dazugeben und unter Rühren nochmals aufkochen, bis die Sauce schön cremig ist. Zum Schluss mit **Hefeflocken, Salz, Pfeffer** und **Kala Namak** abschmecken.

Schlemmerfilet anrichten

Den Tofu, wenn er goldbraun ist, aus dem Ofen nehmen und nach Belieben mit Kartoffelpüree, Rahmspinat, veganer Sauce hollandaise und **Zitronenscheiben** servieren und mit frischen **Kräutern** garnieren.

Nährwerte pro Portion: 1097 kcal, Fett 60 g, KH 92 g, EW 45 g. Frei von raffiniertem Zucker, optional glutenfrei.

Die Bordelaise-Kruste kann man auch auf Ofengemüse, Aufläufen oder gebackenen Kartoffeln servieren!

Knusprige Reispapier-Dumplings

Vorbereitung: 30 Minuten
Zubereitung: 10 Minuten

Zutaten für 12 Stück

1–2 EL Sesamöl, ungeröstet (+ mehr zum Braten der Dumplings)
250 g Champignons, fein gewürfelt
4 Knoblauchzehen, gehackt oder gepresst
1 Stück Ingwer, gerieben
1 TL Chilipulver (oder nach Geschmack)
2 Frühlingszwiebeln, in feine Ringe geschnitten
250 g Chinakohl, fein gehackt
2 Karotten (ca. 200 g), geraspelt
2 EL Tamari-Sauce (oder andere Sojasauce)
Salz und Pfeffer (optional)
12 Blätter Reispapier (oder mehr, wenn man sie doppelt einwickelt)
2–3 EL Sesam (optional zum Wälzen)

Dipping-Sauce (optional)

3 EL Sojasauce
1 EL Reisessig
1 EL Agavendicksaft
¼ TL Sesamöl, geröstet
½ TL Sriracha-Sauce oder Sambal Oelek (optional)

Nach Belieben zum Garnieren

2 EL Frühlingszwiebeln, in Ringe geschnitten
Frischer Koriander (oder Thai-Basilikum oder Minze), gehackt
Chiliflocken
Limettenspalten

Nährwerte pro Stück: 258 kcal, Fett 1 g, KH 16 g, EW 3 g.
Frei von raffiniertem Zucker, glutenfrei.

Gemüsefüllung zubereiten

1. Etwas **Sesamöl** in einer großen Pfanne bei mittlerer Flamme erhitzen. Die gewürfelten **Pilze** 2–3 Minuten unter gelegentlichem Rühren anbraten.
2. **Knoblauch, Ingwer** und **Chilipulver** hinzufügen und 1 Minute anrösten. Dann **Frühlingszwiebeln, Kohl** und **Karotten** dazugeben und weitere 2–3 Minuten dünsten. **Tamari-Sauce** hinzufügen und 1–2 Minuten einkochen lassen. Mit **Salz** und **Pfeffer** abschmecken, vom Herd nehmen und abkühlen lassen.

Dumplings falten (siehe Abb. auf S. 162)

1. Einen großen Teller mit Wasser füllen und ein **Reispapierblatt** für ein paar Sekunden hineintauchen, bis es biegsam, aber nicht ganz weich ist.
2. Das Reispapier vorsichtig auf einen Teller oder ein Holzbrett legen (am besten vorher etwas anfeuchten, damit nichts kleben bleibt). Etwa 1–2 EL der Füllung in die untere Mitte des Reispapiers geben und in eine rechteckige oder quadratische Form bringen.
3. Nun das Reispapier von unten über die Füllung falten. Dann die Seiten einschlagen und wie Sommerrollen nach oben hin aufrollen, sodass die Faltseite zum Schluss unten ist. (Optional: Damit die Dumplings stabiler sind, kann man noch ein zusätzliches Reispapier drumwickeln.)
4. Anschließend mit etwas Öl bepinseln und in **Sesam** wälzen. Auf ein Holzbrett legen und die nächsten Dumplings füllen und falten.

Dumplings braten

1. Etwas Öl in einer großen Antihaft-Pfanne auf mittlerer Stufe erhitzen. Sobald das Öl heiß ist, die Dumplings mit genügend Abstand zueinander in die Pfanne geben und auf jeder Seite ca. 3 Minuten goldbraun und knusprig braten.
2. Alle **Zutaten** für die **Dipping-Sauce** verrühren.
3. Die Dumplings nach Belieben mit **Frühlingszwiebeln, Koriander** und **Chiliflocken** garnieren. Mit der Dipping-Sauce und **Limettenspalten** an der Seite servieren.

Fortsetzung auf Seite 162 

Knusprige Reispapier-Dumplings

Fortsetzung von Seite 161

Tipps

- Das Gemüse fein (!) und in möglichst gleichmäßige Stücke schneiden, damit sich die Aromen gut verbinden und die Füllung schön kompakt ist.
- Das Reispapier nicht zu lange in Wasser eintauchen, sonst wird es zu weich und reißt schnell.
- Die Arbeitsfläche (Teller oder Schneidebrett aus Holz) feucht halten, damit das Reispapier nicht daran kleben bleibt.
- Nicht zu viel Füllung nehmen, sonst kann das Reispapier leicht reißen oder auseinanderfallen.
- Eine antihaftbeschichtete Pfanne und genug Öl zum Braten verwenden, damit die Dumplings nicht am Pfannenboden kleben bleiben.
- **Variationen:** Man kann auch anderes Gemüse wie Auberginen, Zucchini etc. nehmen. Für mehr Protein Tofu zerkrümeln und anbraten. Wer mag, kann auch Nudeln, Sushi-Reis oder andere Gewürze hinzugeben. Sollte etwas von der Füllung übrig bleiben, kann man Reste für eine schnelle Gemüsepfanne verwerten oder einfach so als Beilage dazu servieren.
- **Vorbereiten:** Man kann die Füllung 2–3 Tage zuvor zubereiten und abgedeckt im Kühlschrank aufbewahren. Ich empfehle jedoch, die Dumplings nicht zu lange im Voraus zuzubereiten, da das Reispapier sonst zu weich wird.
- **Aufbewahrung:** Die Reispapier-Dumplings schmecken frisch zubereitet am besten und sollten daher idealerweise sofort verzehrt werden. Sollten trotzdem welche übrig bleiben, kann man sie in einem verschlossenen Behälter 1–2 Tage im Kühlschrank aufbewahren und dann in einer Pfanne mit etwas zusätzlichem Öl wieder aufwärmen. Dadurch wird die Außenseite auch wieder leicht knusprig.

VEGAN
FOODPORN

Risotto

Vorbereitung: 5 Minuten
Zubereitung: 25–30 Minuten

Zutaten für 4 Portionen

Risotto

2–3 EL Olivenöl (oder vegane Butter)
1 große oder 2 mittlere Zwiebeln, fein gewürfelt
4–6 Knoblauchzehen (je nach Größe), fein gehackt
250 g Arborio-Reis (oder Carnaroli-Reis)
120 ml Weißwein
600 ml Gemüsebrühe
240 ml Soja- oder Hafer-Cuisine (oder Kokosmilch)
3–4 EL Hefeflocken (oder veganer Parmesan nach Geschmack, S. 137)
Salz und Pfeffer

Mediterranes Ofengemüse

250 g Gemüse (z. B. Kirschtomaten und Zucchinistreifen)
2 Knoblauchzehen, gepresst
1–2 EL Olivenöl
1 TL italienische Kräuter (z. B. Mischung aus Rosmarin, Thymian und Basilikum)
Salz und Pfeffer
100 g veganer Feta

Nach Belieben zum Garnieren

Pinienkerne
Veganer Parmesan (S. 137)
Oliven
Basilikum (oder andere frische Kräuter), gehackt

1. Das **Öl** in einer tiefen Pfanne oder einem beschichteten Topf auf mittlerer Stufe erhitzen. Die **Zwiebeln** hinzugeben und 2–3 Minuten glasig dünsten. Dann den **Knoblauch** dazugeben und 1 Minute mitbraten, bis er gut duftet.
2. Nun den **Reis** hinzufügen und unter Rühren 1–2 Minuten rösten. Mit **Weißwein** ablöschen und den Wein einkochen lassen, bis er fast verdampft ist. Im Anschluss daran 150 ml **Gemüsebrühe** eingießen und das Ganze bei schwacher Hitze unter häufigem Rühren köcheln lassen, bis die Brühe fast absorbiert ist. Erneut 150 ml Brühe hinzufügen, köcheln lassen und so fortfahren, bis die Brühe aufgebraucht und das Risotto al dente ist. Zum Schluss **Soja- oder Hafer-Cuisine** einrühren und das Risotto mit **Hefeflocken, Salz** und **Pfeffer** abschmecken.

Ofengemüse rösten und Risotto anrichten

1. Ofen auf 200 °C Ober-/Unterhitze vorheizen.
2. Während das Risotto kocht, kann man beliebiges **Gemüse** im Ofen rösten oder in einer Pfanne braten sowie weitere Toppings vorbereiten. Hierfür Gemüse und **Knoblauch** in eine flache Auflaufform geben. Mit **Olivenöl** beträufeln. **Kräuter, Salz** und **Pfeffer** darüberstreuen und alles miteinander vermengen. Veganen **Feta** darauf verteilen und das Ganze im vorgeheizten Ofen für 15–20 Minuten rösten. Außerdem die **Pinienkerne** in einer kleinen Pfanne ohne zusätzliches Öl anrösten. Dann beiseitestellen.
3. Das Risotto mit dem Gemüse anrichten. Nach Belieben mit veganem **Parmesan, Oliven,** gerösteten Pinienkernen und frischen **Kräutern** garnieren.

Nährwerte pro Portion: 573 kcal, Fett 25 g, KH 62 g, EW 17 g. Frei von raffiniertem Zucker, glutenfrei.

Tipps

- **Aufbewahrung:** Restliches Risotto kann bis zu 3 Tage in einem luftdicht verschlossenen Behälter im Kühlschrank aufbewahrt werden.
- **Protein:** Wünscht man sich mehr Eiweiß im Risotto, kann man noch pflanzliche Proteinquellen wie Tofu, Linsen, Kichererbsen, Bohnen oder andere Fleischalternativen hinzufügen.

Omas Bauerntopf

Vorbereitung: 10 Minuten
Zubereitung: 5 Minuten
+ 20 Minuten Garzeit

Zutaten für 4 Portionen

1–2 EL Olivenöl (oder anderes Pflanzenöl) zum Braten
250 g veganes Hack aus der Kühlabteilung (für Alternativen siehe Tipps)
1 große Zwiebel, gewürfelt
2–3 Knoblauchzehen, gehackt
3 EL Tomatenmark
120 ml Rotwein (optional)
500 g Kartoffeln, in mundgerechte Stücke geschnitten
2 Karotten, gewürfelt
2 Paprika, in mundgerechte Stücke geschnitten
90 g rote Linsen
2 TL getrocknete Kräutermischung aus Thymian, Rosmarin, Oregano
2 TL Paprikapulver, edelsüß
1 TL Paprikapulver, rosenscharf
Salz und Pfeffer
780 ml Gemüsebrühe (oder mehr bis zur gewünschten Konsistenz)
2 Lorbeerblätter (optional)

Zum Garnieren

Frische Petersilie und Thymian

Nährwerte pro Portion: 325 kcal, Fett 7 g, KH 44 g, EW 21 g. Frei von raffiniertem Zucker, glutenfrei.

1. Etwas **Olivenöl** in einem großen Topf auf mittlerer Stufe erhitzen und das vegane **Hack** darin krümelig anbraten. Gewürfelte **Zwiebel** dazugeben und 2 Minuten glasig braten. Dann **Knoblauch** und **Tomatenmark** hinzufügen und 30 Sekunden anschwitzen. Anschließend mit **Rotwein** ablöschen und kurz einkochen lassen.
2. Jetzt **Kartoffeln, Karotten** und **Paprika** hinzugeben und etwa 1–2 Minuten andünsten. Die **Linsen** in ein feinmaschiges Sieb geben, unter fließendem Wasser abspülen und etwas abtropfen lassen. Danach gemeinsam mit den **Gewürzen** in den Topf geben und alles gut vermengen. Die **Gemüsebrühe** eingießen, **Lorbeerblätter** hinzugeben und den Eintopf für ca. 20 Minuten köcheln lassen, bis die Kartoffeln und die Linsen gar sind. Anschließend die Lorbeerblätter entnehmen und bei Bedarf nachwürzen. (Wer mag, kann den Eintopf noch etwas andicken. Hierfür 2 TL Speisestärke in etwas Wasser einrühren, dann unter den Eintopf rühren und aufkochen lassen.)
3. Mit **Petersilie** und **Thymian** bestreuen und genießen.

Guten Appetit!

Tipps

♥ Das vegane Hack oder die Linsen kann man auch durch gekochte Bohnen oder Kichererbsen ersetzen, sowie durch klein gehackte Champignons, Aubergine, Zucchini, Sojagranulat, Sonnenblumenhack (Zubereitung siehe Packungsanweisung), zerbröselten Tofu oder eine andere Fleischalternative. Bei doppelter Menge der Linsen wird ca. 360 ml mehr Flüssigkeit benötigt, da die Linsen die dreifache Menge davon aufnehmen. Wer die Linsen generell weglässt, braucht wiederum weniger Flüssigkeit.
♥ Wer den Eintopf schärfer oder noch würziger mag, kann gerne noch ein wenig Chili oder Ajvar hinzufügen.
♥ Statt Rotwein kann man auch etwas mehr Gemüsebrühe und einen kleinen Schluck Rotwein oder weißen Essig verwenden oder ein paar klein gehackte Essiggurken hinzugeben.
♥ Den restlichen Bauerntopf in ein verschließbares Gefäß füllen oder den Topf mit einem Deckel abdecken und bis zu 4 Tage im Kühlschrank aufbewahren. Man kann ihn aber auch für 3 Monate portioniert einfrieren und bei Bedarf einfach rausholen und in der Mikrowelle oder im Topf aufwärmen.

Zwiebelkuchen

Vorbereitung: 10 Minuten
+ 30–45 Minuten Ruhezeit
Zubereitung: 5 Minuten
+ 40 Minuten Backzeit
Springform (Ø 24–26 cm)

Zutaten für 8 Stücke

Hefeteig

250 g Weizen- oder Dinkelmehl (oder glutenfreie Mehlmischung)
½ Pck. Trockenhefe (oder ¼ Würfel frische Hefe)
1 TL Salz
½ TL Zucker
160 ml lauwarmes Wasser
2 EL Pflanzenöl (z. B. Raps- oder Sonnenblumenöl)

Zwiebel-Füllung

700 g Zwiebeln (ungeschältes Gewicht)
1 rote Zwiebel (oder 1 zusätzliche normale Zwiebel)
2 EL neutrales Pflanzenöl
½ TL Salz (oder nach Geschmack)
½ TL Pfeffer (oder nach Geschmack)
175 g Räuchertofu
200 ml Soja- oder Hafer-Cuisine (oder andere Pflanzensahne)
125 g vegane Crème fraîche, mit Kräutern
100 g veganer Reibekäse

Nach Belieben zum Garnieren

Veganer Parmesan (S. 137)
Frische Petersilie (oder andere Kräuter)

Nährwerte pro Stück: 328 kcal, Fett 15 g, KH 38 g, EW 10 g. Optional glutenfrei.

1. **Mehl, Trockenhefe, Salz** und **Zucker** in eine Schüssel geben. Alles miteinander vermischen und in der Mitte eine Kuhle formen. (Frische Hefe zunächst in Wasser und Zucker auflösen und ca. 10 Minuten stehen lassen, bis die Mischung zu schäumen beginnt.)
2. **Wasser** und **Öl** in die Kuhle gießen und alles zunächst mit einem Holzlöffel vermengen. Dann für weitere ca. 5–8 Minuten mit dem Knethaken einer Küchenmaschine (oder mit den Händen) zu einem geschmeidigen Teig kneten.
3. Anschließend mit einem Deckel oder einem feuchten Geschirrtuch abdecken und an einem warmen Ort ca. 30–45 Minuten gehen lassen.

Zwiebel-Füllung zubereiten

1. In der Zwischenzeit die **Zwiebeln** in feine Ringe schneiden. 1 EL **Öl** in einer großen tiefen Pfanne auf mittlerer Stufe erhitzen. Die Zwiebeln hinzufügen und ca. 5–8 Minuten (je nach Dicke der Ringe) glasig dünsten. Mit **Salz** und **Pfeffer** würzen.
2. Währenddessen den **Räuchertofu** in kleine Würfel schneiden und im restlichen heißen Öl von allen Seiten 2–3 Minuten goldbraun anbraten.
3. Die gebratenen Tofu-Würfel unter die gedünsteten Zwiebeln rühren und den Herd ausschalten.
4. **Soja-** oder **Hafer-Cuisine, Crème fraîche** und **Käse** hinzugeben und alles gut vermengen und bei Bedarf nachwürzen.

Kuchen zusammensetzen und backen

1. Den Backofen auf 180 °C Ober-/Unterhitze (160 °C Umluft) vorheizen. Den Rand der Springform leicht einfetten und den Boden mit Backpapier auslegen.
2. Den Hefeteig auf einer bemehlten Arbeitsfläche zu einem runden Kreis mit ca. 35 cm Durchmesser ausrollen/ziehen. Dann so in die Form legen, dass an den Seiten ein Rand von ca. 4 cm bleibt und diesen gleichmäßig fest-/hochdrücken.
3. Die Zwiebel-Füllung auf den Hefeteigboden geben und gleichmäßig verteilen.
4. Den veganen Zwiebelkuchen im vorgeheizten Backofen für ca. 35 Minuten backen. Die Ränder anschließend mit etwas Olivenöl bepinseln und weitere 5 Minuten auf Umluft backen, bis sie leicht goldbraun sind.
5. Herausnehmen und abkühlen lassen, damit sich die Füllung setzen kann und schnittfester wird.
6. Nach Belieben mit veganem **Parmesan** und frischer **Petersilie** garnieren. In Stücke schneiden und genießen!

Fortsetzung auf Seite 170 

Zwiebelkuchen

Fortsetzung von Seite 169

Tipps

- **Hefeteig:** Der Zwiebelkuchen lässt sich auch mit Mürbeteig (ohne Hefe) zubereiten. Wenn es schnell gehen soll, kann man auch gekauften Pizzateig oder Mürbeteig verwenden.
- Zur besseren Bekömmlichkeit des Zwiebelkuchens kann man etwas Kümmel hinzufügen.
- Die rote Zwiebel verleiht dem Gericht noch eine zusätzliche Geschmacksnote, aber man kann auch nur normale Zwiebeln nehmen.
- **Aufbewahrung:** Übrig gebliebene Stücke lassen sich 2–3 Tage luftdicht verschlossen im Kühlschrank lagern. Für eine längere Aufbewahrung kann man sie auch bis zu 3 Monate lang einfrieren. Am besten die einzelnen Stücke zunächst mit Backpapier abtrennen oder sie fest in Frischhaltefolie einwickeln, danach in einen Gefrierbeutel oder einen gefriergeeigneten Behälter geben. So kann man jederzeit ganz einfach einzelne Stücke rausnehmen, auftauen und im Backofen aufwärmen.

BIANCA
ZAPATKA

Kuchen & Muffins

SMEG

Versunkener Apfelkuchen 176
Stracciatella-Kirsch-Kuchen 179
Pflaumenkuchen 180
Himbeer-Cheesecake-Torte ohne Backen 183
Apfel-Schoko-Kuchen 185
Obstkuchen mit Pudding 189
Blaubeer-Streusel-Muffins 190
Joghurt-Beeren-Muffins 193
Kokoskuchen 194
Blaue Limetten-Tarte ohne Backen 197
Himbeer-Rhabarber-Streuselkuchen 198
Blaubeerkuchen 201
Nuss-Sahne-Torte 205
Kiwi-Cheesecake-Torte ohne Backen 207

Versunkener Apfelkuchen

Vorbereitung: 5 Minuten
Zubereitung: 10 Minuten
+ 50–60 Minuten Backzeit
Springform (Ø 24 cm)

Zutaten für 12 Stücke
4–6 kleine Äpfel
280 g Weizen- oder Dinkelmehl (oder glutenfreie Mehlmischung)
3 TL Weinstein-Backpulver (12 g, oder 2 TL normales Backpulver + 1 TL Natron)
120 g Rohrohrzucker (oder anderer Zucker nach Belieben)
1 Prise Salz
45 g Apfelmark (oder Mangomark, pürierte Banane oder Sojaquark)
180 ml Sojamilch (oder andere Pflanzenmilch)
120 ml Pflanzenöl (z. B. Rapsöl mit Buttergeschmack, Sonnenblumenöl, Avocadoöl oder flüssiges Kokosöl)
2 TL Vanilleextrakt
Saft von ½ Zitrone
Etwas Ahornsirup oder Zucker

Topping
Granatapfelkerne
Cranberrys
Puderzucker

Nährwerte pro Stück: 236 kcal, Fett 10 g, KH 33 g, EW 3 g. Frei von raffiniertem Zucker, optional glutenfrei.

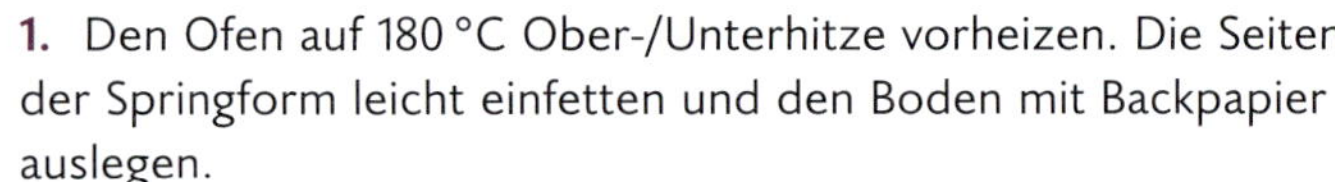

1. Den Ofen auf 180 °C Ober-/Unterhitze vorheizen. Die Seiten der Springform leicht einfetten und den Boden mit Backpapier auslegen.
2. Die **Äpfel** halbieren, entkernen und in dünne Scheiben schneiden. Beiseitestellen.
3. **Mehl** und **Backpulver** in eine große Schüssel sieben. **Zucker** und **Salz** hinzugeben und alles vermischen.
4. Als Nächstes **Apfelmark, Sojamilch, Öl, Vanilleextrakt** und **Zitronensaft** hinzugeben und alles kurz zu einem Teig verrühren.
5. Den Teig in die vorbereitete Springform füllen und glatt streichen. Die geschnittenen Äpfel darauflegen und mit etwas **Ahornsirup** bepinseln oder mit etwas **Zucker** bestreuen (damit sie nicht austrocknen und ihren Glanz verlieren).
6. Den Apfelkuchen etwa 50–60 Minuten backen, oder bis beim Stäbchentest fast kein Teig mehr hängen bleibt. Anschließend vollständig abkühlen lassen.
7. Nach Belieben mit **Granatapfelkernen, Cranberrys** und **Puderzucker** garnieren und schmecken lassen!

Tipps

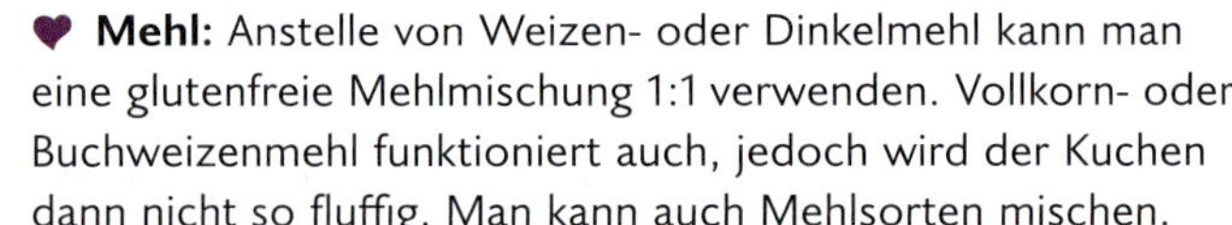

♥ **Mehl:** Anstelle von Weizen- oder Dinkelmehl kann man eine glutenfreie Mehlmischung 1:1 verwenden. Vollkorn- oder Buchweizenmehl funktioniert auch, jedoch wird der Kuchen dann nicht so fluffig. Man kann auch Mehlsorten mischen.
♥ **Extras:** Wer mag, kann zusätzlich noch gehackte Walnüsse oder Rosinen unter den Teig heben. Als Topping kann man noch Streusel oder gehobelte Mandeln über den Kuchen streuen. Vanilleeis und/oder vegane Karamellsauce passen auch gut dazu.
♥ **Aufbewahrung:** Kuchenreste können ca. 5 Tage abgedeckt im Kühlschrank aufbewahrt werden. Vor dem Verzehr einfach kurz in der Mikrowelle oder im vorgeheizten Backofen aufwärmen, damit der Kuchen wieder richtig schön locker, weich und saftig wird.

Stracciatella-Kirsch-Kuchen

Vorbereitung: 5 Minuten
Zubereitung: 15 Minuten
+ 45–50 Minuten Backzeit
Springform (Ø 22–24 cm)

Zutaten für 12 Stücke

1 Glas Sauerkirschen (350 g Abtropfgewicht) oder frische entsteinte Kirschen
1 EL Mais-/Speisestärke (oder Puddingpulver)
300 g Weizen- oder Dinkelmehl (oder glutenfreie Mehlmischung, siehe Tipps)
2 TL Backpulver
1 TL Natron, oder 2 TL mehr Backpulver
1 Prise Salz
150 g Zucker, Sorte nach Belieben
240 ml Sojamilch (oder andere Pflanzenmilch)
80 g Pflanzenöl, z. B. Sonnenblumen- oder Rapsöl oder geschmolzenes Kokosöl
1 TL Vanilleextrakt
1 EL Apfelessig (oder 2 EL Zitronensaft)
100 g geraspelte vegane Schokolade

Nach Belieben zum Garnieren

Kokosraspel
Kirschen

Nährwerte pro Stück: 281 kcal, Fett 10 g, KH 42 g, EW 5 g. Optional ohne raffinerten Zucker, optional glutenfrei.

1. Den Ofen auf 180 °C Ober-/Unterhitze vorheizen. Die Springform leicht einfetten und den Boden mit Backpapier auslegen.
2. Die **Kirschen** abgießen und gut abtropfen lassen. Anschließend die **Maisstärke** zu den Kirschen geben und vorsichtig vermengen.
3. **Mehl** und **Backpulver** in eine große Schüssel sieben. Dann **Natron, Salz** und **Zucker** hinzugeben und das Ganze vermischen.
4. In einem Rührgefäß **Sojamilch, Öl, Vanilleextrakt** und **Apfelessig** verrühren. Anschließend in die Mehlmischung gießen und mit einem Schneebesen oder einem Löffel kurz zu einem homogenen Teig verrühren (nicht zu lange rühren, sonst wird der Kuchen nicht fluffig, sondern eher kompakt). Zum Schluss noch die **Schokoraspel** kurz unterheben.
5. Die Hälfte des Teigs in die vorbereitete Backform geben und die Hälfte der Kirschen darauf verteilen. Dann den restlichen Teig daraufgeben und zuletzt die restlichen Kirschen auf der zweiten Teigschicht verteilen.
6. Den Kuchen im vorgeheizten Ofen ca. 45–50 Minuten backen, oder bis beim Stäbchentest kein Teig mehr hängen bleibt.
7. Anschließend den Kuchen aus dem Ofen nehmen und komplett abkühlen lassen (wer möchte, kann noch etwas Kirschsaft, Likör oder Kirsch-Kompott darüberstreichen, damit der Kuchen länger saftig bleibt).
8. Den Kuchen nach Belieben mit **Kokosraspeln** bestreuen und mit frischen **Kirschen** garnieren.

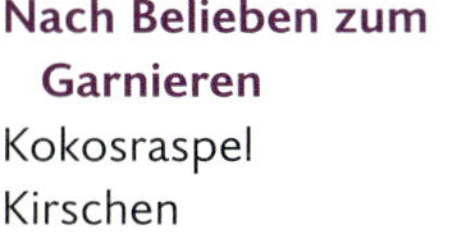

Tipps

♥ **Mehl:** Statt Weizen- oder Dinkelmehl kann man auch eine glutenfreie Mehlmischung 1:1 nehmen. Eine Mischung aus hellem Mehl und Vollkornmehl funktioniert auch gut. Es ist auch möglich, ausschließlich Vollkornmehl zu verwenden, der Kuchen wird in diesem Fall möglicherweise aber zu kompakt.

♥ **Ölfrei:** Wer sich fettarm ernährt, kann einen Teil des Öls durch ungesüßtes Apfelmus ersetzen.

♥ **Zucker:** Ich habe mich für eine Mischung aus Rohrohrzucker und Kokosblütenzucker entschieden, man kann aber jeden Zucker verwenden.

♥ Der Kuchen kann in einem Behälter bei Raumtemperatur bis zu 3 Tage oder im Kühlschrank bis zu 5 Tage aufbewahrt werden. Sollte er mit der Zeit zu trocken geworden sein, kann man ein Stück vor dem Verzehr einmal kurz in der Mikrowelle erwärmen, sodass er wieder weich und saftig wird!

♥ Kuchenreste lassen sich auch für bis zu 3 Monate einfrieren.

Zwetschgenkuchen

Vorbereitung: 5 Minuten
Zubereitung: 15 Minuten
+ 40 Minuten Backzeit
Springform (Ø 20 cm)

Zutaten für 8 Stücke

250 g Weizen- oder Dinkelmehl (oder glutenfreie Mehlmischung, siehe Tipps)
1 TL Backpulver
1½ TL Zimt
1 Prise Salz
70 g Rohrohrzucker (+ etwas mehr zum Bestreuen)
125 g vegane Butter, kalt und gewürfelt
50 ml kaltes Wasser
600 g Zwetschgen, gewaschen, entkernt und geviertelt
1½ EL (glutenfreies) Paniermehl
2–3 EL gehobelte Mandeln

Nach Belieben zum Servieren

Puderzucker
Vegane Eiscreme (oder pflanzliche Sahne/Kokosjoghurt)

Nährwerte pro Stück: 322 kcal, Fett 15 g, KH 42 g, EW 5 g. Frei von raffiniertem Zucker, optional glutenfrei.

1. Die Springform einfetten und den Boden mit Backpapier auslegen. Dann die Form in den Kühlschrank stellen, während der Mürbeteig hergestellt wird.
2. Für den Mürbeteig **Mehl, Backpulver, Zimt, Salz** und **Zucker** in einer Schüssel vermischen. Die kalte gewürfelte vegane **Butter** und das **Wasser** hinzugeben und alles kurz mit den Händen zu einem Teig verkneten.
3. Etwas weniger als die Hälfte des Teigs für die Streusel in Frischhaltefolie wickeln und in den Kühlschrank legen.
4. Den restlichen Teig auf Frischhaltefolie oder Backpapier ausrollen. Dann in die Springform legen und festdrücken, dabei einen ca. 2½–3 cm hohen Rand bilden.
5. Anschließend die Form 10 Minuten in den Gefrierschrank (oder 30 Minuten in den Kühlschrank) stellen, damit der Teig fester wird und die Ränder beim Backen nicht einfallen. Währenddessen den Backofen auf 180 °C Ober-/Unterhitze vorheizen. Die **Zwetschgen** entkernen und vierteln.
6. Nach der Kühlzeit den Teigboden einige Male mit einer Gabel einstechen und gleichmäßig mit **Paniermehl** bestreuen.
7. Die Zwetschgen hochkant auf dem Boden anordnen und dann den restlichen Teig als Streusel darauf verteilen.
8. Noch einige **Mandelblättchen** und etwas Zucker darüberstreuen und den Kuchen ca. 40 Minuten backen (nach 25 Minuten kann man ihn locker mit Backpapier abdecken, damit die Oberfläche nicht zu dunkel wird).
9. Den Kuchen anschließend vollständig in der Form abkühlen lassen. Dann vorsichtig aus der Form lösen, anschneiden und mit **Puderzucker** und/oder einer Kugel **Eis** und/oder einem Klecks **Sahne** oder **Kokosjoghurt** servieren.

- **Glutenfrei:** Für eine glutenfreie Alternative eignet sich glutenfreies Paniermehl oder Maisstärke und eine glutenfreie Mehlmischung 1:1. Ich empfehle, dann noch ein wenig Apfelmark oder ein zusätzliches Leinsamen-Ei hinzuzufügen, damit der Teig besser zusammenhält (1 EL gemahlene Leinsamen in 3 EL heißes Wasser rühren und ca. 5 Minuten quellen lassen).
- Statt Rohrohrzucker kann man auch anderen Zucker wie normalen, braunen oder Kokosblütenzucker verwenden.
- Der Kuchen hält sich bis zu 5 Tage im Kühlschrank und kann auch eingefroren werden.

Himbeer-Cheesecake-Torte ohne Backen

Vorbereitung: 5 Minuten
Zubereitung: 20 Minuten
+ mind. 4 Std. Kühlzeit
Springform (Ø 20 cm)

Zutaten für 12 Stücke

Mandel-Boden

160 g Mandeln (oder andere Nüsse oder Kerne)
50 g Haferflocken (bei Bedarf glutenfrei)
120 g Soft-Datteln, entkernt
½ EL Kokosöl, geschmolzen (oder vegane Butter)

Käsekuchen-Füllung

400 g frische Himbeeren oder TK-Himbeeren (ergibt ca. 250 ml Saft)
160 ml vegane Schlagcreme (oder mehr Kokoscreme)
400 g Sojaquark Natur (oder Seidentofu)
100 g Kokoscreme (fester Anteil von einer gekühlten Dose Kokosmilch) oder veganer Frischkäse
100 g Puderzucker
1½ TL Vanilleextrakt
1–2 EL Zitronensaft (optional)
2 TL reines Agar-Agar (ausreichend für 1 l Flüssigkeit)
80 ml kaltes Wasser

Nach Belieben zum Garnieren

Frische Himbeeren
Granatapfelkerne
Kokosraspel
Minze
Himbeersauce

Nährwerte pro Stück: 233 kcal, Fett 9 g, KH 33 g, EW 3 g. Optional glutenfrei.

Boden

1. Den Boden der Springform mit Backpapier auslegen.
2. **Mandeln** und **Haferflocken** in eine Küchenmaschine oder in einen Mixer geben und grob mahlen. **Datteln** und das geschmolzene **Kokosöl** hinzugeben und zu einer leicht klebrigen Mischung verarbeiten.
3. Die Mischung in die vorbereitete Springform geben und fest mit einem Löffel oder mit den Fingern auf den Boden drücken. (Wer den Boden knuspriger mag, kann ihn für 10 Minuten bei 180 °C Ober-/Unterhitze backen. Anschließend auskühlen lassen.)

Füllung

1. Die **Himbeeren** in einen Kochtopf geben und erhitzen, bis sie aufgetaut und/oder weich sind. Eine Schüssel unter einem feinmaschigen Sieb platzieren, die Himbeeren in das Sieb geben und ausstreichen, sodass nur noch die Kerne im Sieb bleiben (es sollte dann 250 ml **Himbeersaft** ergeben).
2. In einem Rührgefäß die **Schlagcreme** mit einem Handmixer aufschlagen. Beiseitestellen.
3. Als Nächstes in einer großen Rührschüssel **Sojaquark, Kokoscreme, Zucker, Vanilleextrakt, Zitronensaft** und Himbeersaft mit dem Handmixer cremig mixen. Ebenfalls beiseitestellen.
4. In einem kleinen Topf **Agar-Agar** in 80 ml kaltes **Wasser** rühren. Sobald sich das Agar-Agar vollständig aufgelöst hat, die Mischung unter Rühren zum Kochen bringen und ca. 1–2 Minuten oder nach Packungsanweisung unter ständigem Rühren köcheln lassen. Beiseitestellen.
5. Jetzt muss zügig gearbeitet werden, damit das Agar-Agar nicht klumpig wird: Zuerst die Agar-Agar-Mischung unter die Himbeercreme mixen, dann die aufgeschlagene Pflanzensahne fix unterheben. Die Käsekuchen-Creme auf den Mandelboden geben, gleichmäßig glatt streichen und die Form ein paar Mal leicht auf die Arbeitsplatte klopfen, damit eventuelle Luftblasen entweichen können.
6. Den Kuchen mindestens 4 Stunden und am besten über Nacht in den Kühlschrank stellen, bis er vollständig fest geworden ist.

Fortsetzung auf Seite 184

Himbeer-Cheesecake-Torte ohne Backen

Fortsetzung von Seite 183

7. Den Himbeer-Käsekuchen nach Belieben mit frischen **Himbeeren, Granatapfelkernen, Kokosraspeln** und **Minze** garnieren und entweder so oder mit **Himbeersauce** genießen.
8. In Stücke schneiden und schmecken lassen!

Tipps

- **Raumtemperatur:** Alle Zutaten müssen zimmerwarm und dürfen nicht gekühlt sein. Andernfalls wird die Käsekuchen-Creme stückig.
- **Nüsse oder Kerne:** Man kann Mandeln, Cashewkerne, Walnüsse, Haselnüsse, Sonnenblumenkerne, Kürbiskerne usw. verwenden.
- **Datteln:** Wer keine weichen Soft-Datteln hat, kann auch auf normale entkernte Datteln zurückgreifen und diese 15 Minuten in heißem Wasser einweichen. Anschließend abgießen und trocken tupfen.
- **Boden:** Wer einen Keksboden bevorzugt, kann sich das Rezept für die Blaue Limetten-Tarte (S. 197) anschauen.
- **Kokoscreme:** Stellt man eine normale 400-ml-Dose vollfette Kokosmilch über Nacht in den Kühlschrank, kann man am nächsten Tag die feste Kokoscreme von der Oberseite abkratzen. Anschließend auf Raumtemperatur bringen, damit sie wieder weicher wird.
- **Agar-Agar:** Es ist wichtig, reines (hundertprozentiges) Agar-Agar zu verwenden, sonst braucht man mehr! Die Menge sollte für 1 l Flüssigkeit ausreichen.

Apfel-Schoko-Kuchen

Vorbereitung: 30 Minuten
Zubereitung: 10 Minuten
+ 1 Std. Backzeit
Springform (Ø 20 cm)

Zutaten für 12 Stücke

Schoko-Teig
200 g Weizen- oder Dinkelmehl (oder glutenfreie Mehlmischung, siehe Tipps)
40 g Kakaopulver
120 g Rohrohrzucker (oder anderer Zucker)
2 TL Backpulver
1 Prise Salz
120 g vegane Butter (gekühlt)
2 EL kaltes Wasser

Käsekuchen-Schicht
400 g Sojaquark Natur (z. B. »Skyr-Style«)
100 ml Kokosmilch (aus der Dose) oder Soja-Cuisine
1 Pck. Vanille-Puddingpulver (oder 40 g Speisestärke + 1 TL Vanilleextrakt + 1 Prise Kurkuma)
50 g Rohrohrzucker (oder anderer Zucker)
1 Prise gemahlene Bourbon-Vanille (optional)

Obst-Belag
400 g Äpfel (oder Birnen)
Etwas Zimt zum Bestreuen

Nach Belieben zum Garnieren
Puderzucker
Granatapfelkerne

Nährwerte pro Stück: 259 kcal, Fett 11 g, KH 36 g, EW 5 g. Frei von raffiniertem Zucker, optional glutenfrei.

Teig

1. Die Springform einfetten und den Boden mit Backpapier auslegen. Anschließend die Form 5–10 Minuten in den Kühl- oder Gefrierschrank stellen (damit man den Teig später besser hineindrücken kann).
2. Währenddessen **Mehl, Kakao, Zucker, Backpulver** und **Salz** in einer Rührschüssel vermengen. Die kalte vegane **Butter** in kleine Stücke schneiden und zusammen mit dem kalten **Wasser** hinzugeben. Alles mit den Händen zu einem Teig verkneten und bei Bedarf 1 weiteren EL Wasser hinzufügen.
3. Etwa ⅓ des Teigs für die Streusel in Frischhaltefolie wickeln und in den Kühlschrank legen.
4. Die restlichen ⅔ des Teigs auf Frischhaltefolie oder Backpapier rund ausrollen, dann in die Springform legen und festdrücken, dabei einen ca. 4 cm hohen Rand bilden. Anschließend den Boden einige Male mit einer Gabel einstechen und die Form zurück in den Kühlschrank stellen (damit der Teig kühl bleibt und die Ränder beim Backen nicht einfallen).
5. Backofen auf 180 °C Ober-/Unterhitze vorheizen und den Rest vorbereiten.

Füllung

1. Die **Äpfel** schälen, vierteln, entkernen und mit einem Messer oder einem Gemüsehobel in dünne Scheiben schneiden.
2. **Sojaquark, Kokosmilch, Puddingpulver, Zucker** und **Vanille** in eine Rührschüssel geben und mit einem Handmixer cremig rühren.
3. Die Form mit dem Teig aus dem Kühlschrank holen und die Hälfte der Apfelspalten auf dem Boden verteilen. Dann die Creme darauf verteilen und die Form ein paar Mal leicht auf die Arbeitsplatte klopfen, damit die Creme auch zwischen die Äpfel gelangt.
4. Mit den restlichen Apfelspalten belegen und etwas **Zimt** darüberstreuen. Zuletzt noch das restliche ⅓ des Schoko-Teigs zu Streuseln zupfen und ebenfalls auf dem Kuchen verteilen.
5. Den Kuchen 1 Stunde backen (nach 40 Minuten mit einem Stück Backpapier locker abdecken). Anschließend vollständig auskühlen lassen und über Nacht in den Kühlschrank stellen.
6. Am nächsten Tag den Schoko-Apfel-Streuselkuchen nach Belieben mit etwas **Puderzucker** bestäuben und mit **Granatapfelkernen** dekorieren. Anschneiden und genießen!

Fortsetzung auf Seite 186 

Apfel-Schoko-Kuchen

Fortsetzung von Seite 185

Tipps

- **Backform:** Man kann diesen Kuchen auch in einer größeren Form, oder in Muffinformen oder auf einem Backblech backen.
- **Backzeit:** Variiert abhängig von der Teigfüllmenge (ein flacher oder kleinerer Kuchen ist schneller fertig). Muffins benötigen nur ca. 35 Minuten.
- **Mehl:** Anstelle von Weizenmehl oder Dinkelmehl lässt sich auch eine glutenfreie Mehlmischung 1:1 verwenden. Ich empfehle, dann noch etwas Apfelmark oder ein zusätzliches Leinsamen-Ei hinzuzufügen, damit der Teig besser zusammenhält. (1 EL gemahlene Leinsamen in 3 EL heißes Wasser rühren und ca. 5 Minuten quellen lassen.)
- **Skyr:** Ich verwende gerne veganen Skyr, aber andere Quarkalternativen sind auch gut. Alternativ kann man auch cremig pürierten Seidentofu nutzen.
- **Zucker:** Rohrohrzucker kann durch anderen Zucker wie normalen oder braunen oder Kokosblütenzucker oder eine zuckerfreie Alternative ersetzt werden. Je nach Verwendung von gesüßtem Sojaquark mit Geschmack oder ungesüßtem, wird mehr oder weniger zusätzlicher Zucker benötigt. Am besten die Füllung abschmecken und nach Geschmack süßen.
- **Aufbewahrung:** Der Kuchen hält sich bis zu 4 Tage im Kühlschrank und kann auch eingefroren werden.

Obstkuchen mit Pudding

Vorbereitung: 5 Minuten
+ 25 Minuten Backzeit
Zubereitung: 15 Minuten
Obstbodenform (Ø 28 cm)

Zutaten für 12 Stücke

Tortenboden
240 g Weizen- oder Dinkelmehl (oder glutenfreie Mehlmischung)
2 EL Mais-/Speisestärke (oder Vanille-Puddingpulver)
2 TL Backpulver
120 g Zucker
1 Msp. gemahlene Bourbon-Vanille (oder 1 TL Vanilleextrakt)
1 Prise Salz
240 ml Sojamilch (oder andere Pflanzenmilch)
100 ml Pflanzenöl (z. B. Raps-, Sonnenblumen- oder Albaöl)
1 EL Apfelessig (oder weißer Essig)

Puddingcreme
320 ml Pflanzenmilch (z. B. Kokos-, Mandel-, Cashew- oder Sojamilch)
1 Pck. Vanille-Puddingpulver (oder 35 g Mais-/Speisestärke + 1 TL Vanilleextrakt + optional 1 Prise Kurkuma für eine gelbere Farbe)
3–4 EL Zucker (oder nach Geschmack)
150 g veganer Frischkäse (oder Kokoscreme)

Topping
500 g Obst (Sorte nach Belieben)
1 Pck. veganer Tortenguss

Nach Belieben zum Garnieren
Granatapfelkerne
Kokosraspel

1. Den Backofen auf 180 °C Ober-/Unterhitze vorheizen und die Obstbodenform einfetten.
2. **Mehl, Stärke** und **Backpulver** in eine Schüssel sieben. Dann **Zucker, Vanille** und **Salz** hinzugeben und alles vermischen.
3. In einem Gefäß **Sojamilch, Öl** und **Apfelessig** verrühren und danach mit dem Schneebesen in die Mehlmischung einrühren.
4. Den Teig in die vorbereitete Backform füllen, glatt streichen und ca. 25 Minuten backen, bis beim Stäbchentest kein Teig hängen bleibt.
5. Anschließend den Kuchen 10 Minuten in der Form abkühlen lassen. Dann auf eine Kuchenplatte stürzen und vollständig auskühlen lassen.
6. Für die Puddingcreme etwa 5 EL von der **Pflanzenmilch** abnehmen und das **Vanille-Puddingpulver** (oder Stärke + Vanille) und den **Zucker** darin auflösen. Die restliche Pflanzenmilch in einem Topf zum Kochen bringen. Dann die Puddingpulver-Mischung einrühren und unter ständigem Rühren erneut aufkochen und kurz kochen lassen.
7. Den eingedickten Pudding vom Herd ziehen und unter Rühren etwas abkühlen lassen. Im Anschluss daran den veganen **Frischkäse** mit einem Handrührgerät untermixen.
8. Die Puddingcreme auf den Kuchenboden geben und mit **Obst** belegen.
9. Den **Tortenguss** nach Packungsanweisung zubereiten und löffelweise auf dem Obst verteilen. Vor dem Anschneiden fest werden lassen und nach Belieben noch mit **Granatapfelkernen** und **Kokosraspeln** garnieren.

Nährwerte pro Stück: 316 kcal, Fett 14 g, KH 42 g, EW 4 g. Optional glutenfrei.

Tipps

♥ **Backform:** Man kann den Obstkuchenboden auch in einer Springform backen. Die Mengen bitte entsprechend anpassen, da für eine Springform weniger Teig benötigt wird.

♥ **Pudding:** Will man den Kuchen proteinreicher und fettärmer gestalten, kann der vegane Frischkäse durch Sojaquark ersetzt werden. Man kann aber auch geschlagene Sahne unterheben, um eine Vanille-Pudding-Mousse herzustellen oder einfach einen klassischen Vanillepudding ohne Extras kochen.

♥ **Tortenguss:** Ich habe gekauften veganen Tortenguss verwendet. Optional kann man 1 EL Mais-/Speisestärke in 240 ml Apfelsaft (oder 240 ml Wasser + 2 EL Zucker) einrühren und aufkochen.

Blaubeer-Streusel-Muffins

Vorbereitung: 5 Minuten
Zubereitung: 15 Minuten
+ 25 Minuten Backzeit
12er-Muffinblech (oder 2 × 6er-Muffinblech)

Für die Muffins

250 g Weizen- oder Dinkelmehl (oder glutenfreie Mehlmischung)
2 TL Backpulver
½ TL Natron
100 g Rohrohrzucker (oder anderer Zucker nach Belieben)
20 g Kokosblütenzucker (oder anderer brauner Zucker nach Belieben)
1 Prise Salz
120 ml Pflanzenmilch (z. B. Soja-, Hafer-, Cashew- oder Mandelmilch)
120 g Apfelmark (oder zerdrückte Banane oder veganer Joghurt)
80 ml Rapsöl (oder Albaöl oder anderes neutrales Öl)
1 TL Vanilleextrakt (optional)
1½ EL Zitronensaft (oder 1½ TL Apfelessig)
200 g Blaubeeren, frisch oder TK

Für die Streusel

80 g Weizen- oder Dinkelmehl (oder glutenfreie Mehlmischung)
50 g vegane Butter, kalt und gewürfelt
20 g Rohrohrzucker (oder anderer Zucker nach Belieben)
20 g Kokosblütenzucker (oder anderer brauner Zucker nach Belieben)
½ TL Zimt (optional)

1. Den Backofen auf 180 °C Ober-/Unterhitze vorheizen und das Muffinblech oder die beiden kleineren Muffinbleche mit Papierförmchen auskleiden.
2. **Mehl, Backpulver** und **Natron** in eine Schüssel sieben. Dann beide **Zuckersorten** und **Salz** hinzugeben und alles mit einem Schneebesen vermischen.
3. In einem Rührgefäß **Pflanzenmilch, Apfelmark, Öl, Vanilleextrakt** und **Zitronensaft** miteinander verquirlen, anschließend mit dem Schneebesen in die Mehlmischung rühren (nur solange rühren, bis sich alle Zutaten soeben verbunden haben, sonst gehen die Muffins nicht so gut auf).
4. Etwa 2 EL Teig in jedes Muffin-Förmchen füllen und die Hälfte der **Blaubeeren** darauf verteilen. Den restlichen Teig darübergeben und im Anschluss die restlichen Blaubeeren darauf verteilen (die Förmchen nicht zu voll machen, sonst laufen sie beim Backen über!).
5. Die **Zutaten** für die Streusel in einer Schüssel verkneten, bis eine krümelige Masse entsteht. Die Streusel über die Muffins verteilen und die Muffins ca. 25 Minuten backen, oder bis sie goldbraun sind und beim Stäbchentest keine feuchten Krümel mehr hängenbleiben.
6. Anschließend 10 Minuten in der Form abkühlen lassen. Danach auf ein Kuchengitter setzen und vollständig auskühlen lassen.

Guten Appetit!

Nährwerte pro Stück: 252 kcal, Fett 10 g, KH 37 g, EW 4 g.
Frei von raffiniertem Zucker, optional glutenfrei.

Tipps

♥ Die Muffins sind in einem geschlossenen Behälter an einem kühlen Ort oder im Kühlschrank gut 5 Tage haltbar. Vor dem Servieren auf Zimmertemperatur bringen oder einige Sekunden in der Mikrowelle erhitzen – dann schmecken sie wieder fast so gut wie frisch gebacken!
♥ Bei Verwendung gefrorener Beeren diese bitte nicht auftauen, sondern sofort in etwas Speisestärke wälzen und dann wie im Rezept beschrieben in den Teig einarbeiten.
♥ Statt Blaubeeren kann man auch andere Beeren und Früchte in der gleichen Menge nehmen.

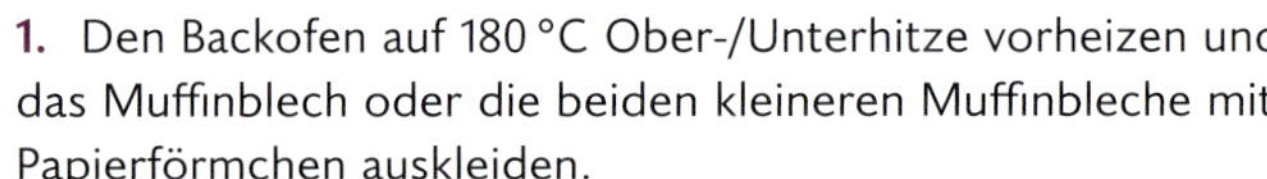

Joghurt-Beeren-Muffins

Vorbereitung: 5 Minuten
Zubereitung: 10 Minuten
+ 20–25 Minuten Backzeit

Zutaten für 12er-Muffinblech

120 ml Pflanzenmilch
160 g veganer Joghurt Natur
80 ml Rapsöl (oder Albaöl oder Sonnenblumenöl)
2 TL Vanilleextrakt
1 TL Zitronensaft
240 g Weizen- oder Dinkelmehl (oder glutenfreie Mehlmischung)
1 TL Backpulver
½ TL Natron (oder 1 TL mehr Backpulver)
1 Prise Salz
100 g Zucker
150 g Beeren, frisch oder TK

Topping

Haferflocken (optional, bei Bedarf glutenfrei)

Nährwerte pro Stück: 177 kcal, Fett 7 g, KH 25 g, EW 3 g. Optional glutenfrei.

1. Den Backofen auf 180 °C Ober-/Unterhitze vorheizen und die Muffin-Backform mit Papierförmchen auslegen.
2. **Pflanzenmilch, Joghurt, Rapsöl, Vanilleextrakt** und **Zitronensaft** in einem Rührgefäß verrühren und beiseitestellen.
3. Dann **Mehl** und **Backpulver** in eine Schüssel sieben. **Natron, Salz** und **Zucker** hinzugeben und vermischen. Die feuchten **Zutaten** hinzufügen und alles kurz mit einem Schneebesen zu einem homogenen Teig verrühren.
4. Den Teig gleichmäßig auf die 12 Mulden verteilen. Die **Beeren** ebenfalls darauf verteilen und etwas in den Teig eindrücken. Nach Belieben mit **Haferflocken** bestreuen und im vorgeheizten Ofen auf der mittleren Schiene für 20–25 Minuten backen.
5. Anschließend aus dem Ofen nehmen und in der Form abkühlen lassen. Muffins aus der Form nehmen und genießen!

Tipps

♥ Wenn die Beeren sehr saftig oder gefroren sind, vorher mit etwas Mehl oder Speisestärke bestäuben, damit die Muffins nicht matschig werden.
♥ Man kann die Muffins auch mit gehackten Nüssen, Kokosraspeln oder Saaten bestreuen.

Kokoskuchen

Vorbereitung: 5 Minuten
Zubereitung: 5 Minuten
+ 45–50 Minuten Backzeit
Kastenform (25 × 11 cm)

Zutaten für 12 Stück

Rührteig
300 g Weizen- oder Dinkelmehl (oder glutenfreie Mehlmischung)
50 g Kokosraspel
2 TL Backpulver
1 TL Natron (oder 2 TL mehr Backpulver)
150 g Rohrohrzucker (oder anderer Zucker nach Belieben)
1 Prise Salz
1 Dose Kokosmilch (400 ml, vollfett)
Saft (ca. 50–60 ml) und abgeriebene Schale von 1 Bio-Zitrone
1 TL Vanilleextrakt (oder das Mark einer Vanilleschote)

Topping
200 ml Kokos-Schlagcreme, gekühlt
½ EL San-apart (oder anderes Sahnefest-Produkt)
2–3 EL Puderzucker
Frische Maracuja
Kokos-Chips
Minze

Nährwerte pro Portion: 332 kcal, Fett 15 g, KH 44 g, EW 4 g. Optional glutenfrei.

1. Den Backofen auf 180 °C Ober-/Unterhitze vorheizen. Die Kastenform leicht einfetten und mit Backpapier auslegen.
2. **Mehl, Kokosraspel, Backpulver, Natron, Zucker** und **Salz** in einer großen Schüssel vermischen. **Kokosmilch, Zitronensaft, abgeriebene Zitronenschale** und **Vanilleextrakt** hinzugeben und alles kurz mit einem Schneebesen zu einem Teig verrühren.
3. Den Teig in die vorbereitete Backform füllen und den Kuchen ca. 45–50 Minuten backen, bis beim Stäbchentest kein Teig hängen bleibt (ggf. nach 30 Minuten mit Backpapier abdecken, damit der Kuchen nicht zu dunkel wird).
4. Anschließend den Kuchen ca. 15 Minuten in der Form ruhen lassen, dann vorsichtig herausheben und auf einem Kuchengitter zu Ende abkühlen lassen.
5. Sobald der Kuchen abgekühlt ist, die **Kokos-Sahne** mit **San-apart** und **Puderzucker** aufschlagen und auf den Kuchen streichen. Nach Belieben mit **Maracuja, Kokos-Chips** und **Minze** garnieren und servieren.

Tipps

♥ Die Kokosmilch für den Teig vorher bei Bedarf kurz erwärmen, damit der festere Teil flüssig wird und eine homogene Mischung entsteht.
♥ Mit fein gemahlenen hellen Mehlsorten wird der Kuchen fluffiger, aber man kann auch helles Mehl mit Vollkornmehl mischen. Wenn Mehl und/oder Backpulver Klümpchen aufweisen, am besten vorher durch ein feines Sieb sieben.
♥ Wer frische oder gefrorene Früchte unter den Teig heben möchte, sollte diese vorher in Speisestärke wälzen, damit der Kuchen nicht zu feucht wird.
♥ Der Kuchen kann ohne Sahne-Topping in einem Behälter bei Raumtemperatur bis zu 3 Tage aufbewahrt werden. Luftdicht verpackt hält er sich im Kühlschrank sogar bis zu 5 Tage.
♥ Sollte der Kuchen mit der Zeit zu trocken geworden sein, das Stück vor dem Verzehr einmal kurz in der Mikrowelle erwärmen. Dadurch wird er wieder richtig schön weich und saftig!
♥ Kuchenreste können problemlos für 3 Monate eingefroren werden. Dazu einfach in Gefrierbeutel legen (einzelne Stücke mit Backpapier abtrennen oder separat in Frischhaltefolie einwickeln). Hat man dann Appetit auf ein Stück Zitronen-Kokos-Kuchen, kann man es einfach aus der Gefriertruhe holen und bei Raumtemperatur oder über Nacht im Kühlschrank oder kurz in der Mikrowelle auftauen.

Blaue Limetten-Tarte ohne Backen

Zubereitung: 25 Minuten
+ 3 Std. Kühlzeit
Tarteform (Ø 23–24 cm)

Zutaten für 12 Stücke

Keksboden
250 g vegane Kekse
150 g vegane Butter (geschmolzen, oder Kokosöl)

Helle Schicht
300 ml Kokosmilch
¾ TL reines Agar-Agar (siehe Tipps)
60 ml Agavendicksaft (oder anderer Sirup oder Zucker)
Saft von 2 Limetten (frisch gepresst ca. 80 ml, oder Zitronensaft)

Blaue Schicht
3–4 EL Wasser
1 EL Blue Spirulina
320 ml Kokosmilch
¾ TL reines Agar-Agar
40 ml Agavendicksaft (oder anderen Sirup oder Zucker)
1 TL Vanilleextrakt

Topping
Blaubeeren
Brombeeren

Nährwerte pro Stück: 320 kcal, Fett 22 g, KH 26 g, EW 3 g. Frei von raffiniertem Zucker, optional glutenfrei.

Boden

1. Die **Kekse** in eine Küchenmaschine geben und zu feinen Krümeln mahlen. (Alternativ in einen Gefrierbeutel geben und mit einem Nudelholz zu Krümeln zerdrücken.)

2. Die Kekskrümel in eine Schüssel geben, die geschmolzene vegane **Butter** hinzufügen und alles gut vermengen. Anschließend in die Tarteform (oder in eine andere Form mit Hebeboden) drücken und ca. 15 Minuten in den Gefrierschrank stellen (oder 30 Minuten in den Kühlschrank).

Helle Schicht

1. Die **Kokosmilch** in einen Topf gießen. **Agar-Agar** einrühren und 1–2 Minuten (oder laut Packungsanleitung) unter Rühren aufkochen.

2. Danach vom Herd ziehen und den **Agavendicksaft** (oder **Zucker**) und den **Limettensaft** unterrühren. Kurz abkühlen lassen und auf den vorbereiteten Keksboden gießen. Dann ca. 1 Stunde in den Kühlschrank stellen, bis die Oberfläche fest geworden ist.

Blaue Schicht

1. Das **Wasser** in ein kleines Gefäß gießen und das **Spirulina-Pulver** darin auflösen. Dann beiseitestellen.

2. Die **Kokosmilch** in einen Topf geben. **Agar-Agar** einrühren und 1–2 Minuten (oder laut Packungsanleitung) unter Rühren aufkochen.

3. Vom Herd ziehen und den **Agavendicksaft** (oder **Zucker**), den **Vanilleextrakt** und das Spirulina-Wasser unterrühren. Anschließend vorsichtig auf die helle Schicht gießen und für weitere 2 Stunden in den Kühlschrank stellen.

4. Sobald die Füllung fest geworden ist, die Tarte aus der Form nehmen, indem man vorsichtig gegen den Hebeboden drückt. Mit frischen **Blaubeeren** und **Brombeeren** garnieren und genießen!

Tipps

♥ **Kekse:** Im Prinzip lassen sich beliebige (glutenfreie) Kekse oder das Granola (S. 14) verwenden, um den Boden herzustellen.

♥ **Vorbacken:** Wer den Keksboden knuspriger möchte, kann ihn 5–6 Minuten im vorgeheizten Backofen bei 180 °C Ober-/Unterhitze vorbacken. Anschließend vollständig abkühlen lassen, bevor die Füllung daraufkommt.

♥ **Kokosmilch:** Alternativ eignet sich auch eine andere Pflanzenmilch bzw. Pflanzensahne. Sollte sie gesüßt sein, lieber weniger Zucker nehmen. Am besten einfach mal ausprobieren.

♥ **Agar-Agar:** Bitte darauf achten, reines (hundertprozentiges) Agarpulver zu verwenden, denn ansonsten benötigt man mehr.

Himbeer-Rhabarber-Streuselkuchen

Vorbereitung: 5 Minuten
Zubereitung: 20 Minuten
+ 50–60 Minuten Backzeit
Springform (Ø 20 cm)

Zutaten für 12 Stücke

Streuselkuchen-Teig
240 g Weizen- oder Dinkelmehl (oder glutenfreie Mehlmischung)
½ Pck. Backpulver
1 Prise Salz
50 g Rohrohrzucker (oder anderer Zucker)
50 g brauner Zucker (oder anderer Zucker)
150 g vegane Butter, klein gewürfelt
2 EL Pflanzenmilch (nach Bedarf)

Quark-Füllung
300 g Sojaquark Natur (z. B. »Skyr-Style«)
50 g Agavendicksaft (oder anderer Sirup/Zucker)
20 g Vanille-Puddingpulver (oder Mais-/Speisestärke)
1 TL Vanilleextrakt (oder nach Geschmack)
1 EL Zitronensaft (oder nach Geschmack)

Obst
150 g Rhabarber (in Scheiben geschnitten)
100 g Himbeeren

Nach Belieben zum Garnieren
Himbeeren
Granatapfelkerne
Kokosraspel

Nährwerte pro Stück: 234 kcal, Fett 11 g, KH 29 g, EW 4 g. Optional glutenfrei.

Teig
1. Den Ofen auf 180 °C Ober-/Unterhitze vorheizen.
2. Den Boden der Springform mit Backpapier auslegen und die Seiten leicht einfetten.
3. **Mehl** und **Backpulver** in eine Schüssel sieben. **Salz** und beide **Zuckersorten** hinzufügen und alles vermischen. Dann die vegane **Butter** in kleinen Stücken dazugeben und alles mit den Händen, einem Handmixer oder einer Küchenmaschine zu einem Teig verkneten (bei Bedarf etwas **Pflanzenmilch** hinzugeben).
4. ⅓ des Teigs zu einer flachen Kugel formen, in Frischhaltefolie wickeln und bis zum weiteren Gebrauch in den Kühlschrank stellen. Die restlichen ⅔ des Teigs gleichmäßig in die vorbereitete Form drücken und dabei einen ca. 3 cm hohen Rand bilden.

Füllung
1. **Sojaquark, Agavendicksaft, Vanille-Puddingpulver, Vanilleextrakt** und **Zitronensaft** in eine Schüssel geben und mit einem Handmixer cremig rühren. Dann auf den Kuchenboden geben und glatt streichen.
2. **Rhabarber** und **Himbeeren** auf der Füllung verteilen. Den restlichen Teig aus dem Kühlschrank holen und als Streusel auf dem Obst verteilen.
3. Den Kuchen auf der zweiten Schiene von unten im vorgeheizten Ofen ca. 50–60 Minuten backen.
4. Anschließend auskühlen lassen und am besten über Nacht in den Kühlschrank stellen, damit er komplett fest wird.
5. Nach Belieben mit frischen **Himbeeren, Granatapfelkernen** und **Kokosraspeln** garnieren und genießen!

Tipps

♥ Falls der Kuchen während der Backzeit oben zu dunkel werden sollte, kann man ihn mit einem Stück Backpapier abdecken.
♥ Wer möchte, kann auch Sojaquark mit Geschmack verwenden, z. B. mit Vanille-, Kokos-, Zitronen-, Himbeer- oder einem anderen Fruchtgeschmack. Die Menge der zusätzlichen Süße kann dann beliebig angepasst werden.
♥ Man kann auch anderes Obst nach Belieben verwenden wie Blaubeeren, Brombeeren, Erdbeeren, Kirschen, Johannisbeeren, Stachelbeeren, Mandarinen, Äpfel, Birnen, Pflaumen, Aprikosen etc.

BIANCA
ZAPATKA

Blaubeerkuchen

Vorbereitung: 5 Minuten
Zubereitung: 15 Minuten
+ 55 Minuten Backzeit
Kastenform (25 × 11 cm)

Zutaten für 12 Stücke

240 ml Sojamilch (oder andere Pflanzenmilch)
Saft von 1 Zitrone (ca. 50–60 ml Zitronensaft)
300 g Weizen- oder Dinkelmehl (oder glutenfreie Mehlmischung)
2 TL Backpulver
1 TL Natron (oder 2 weitere TL Backpulver)
1 Prise Salz
150 g Rohrohrzucker (oder anderer Zucker nach Belieben)
120 ml Pflanzenöl (z. B. Raps-, Sonnenblumen- oder Albaöl)
1 TL Vanilleextrakt (oder gemahlene Bourbon-Vanille oder das Mark einer Vanilleschote)
200 g Blaubeeren (oder andere Beeren)
1 EL Mais-/Speisestärke (oder mehr Mehl) zum Wälzen

Blaubeer-Frosting

100 ml vegane Schlagcreme
100 g veganer Frischkäse
2–3 EL Puderzucker (oder nach Geschmack)
1–2 EL Zitronensaft
2 TL Blaubeerpulver (optional)
1 TL San-apart (oder anderes Sahnefest-Produkt)

Topping

Frische Blaubeeren und Brombeeren
Kokosraspel

Nährwerte pro Stück: 299 kcal, Fett 11 g, KH 46 g, EW 4 g. Optional glutenfrei.

1. Den Backofen auf 180 °C Ober-/Unterhitze vorheizen. Die Kastenform einfetten und mit Backpapier auslegen.

2. Die **Sojamilch** mit dem **Zitronensaft** in einem Rührgefäß verrühren und ca. 5 Minuten beiseitestellen, bis sie zu veganer Buttermilch geronnen ist (bei anderen Pflanzenmilchsorten klappt das nicht so gut).

3. Währenddessen **Mehl** und **Backpulver** in eine große Schüssel sieben. Dann **Natron, Salz** und **Zucker** mit einem Schneebesen untermischen.

4. Anschließend vegane Buttermilch, **Pflanzenöl** und **Vanilleextrakt** hinzugeben und kurz mit einem Schneebesen verrühren, bis sich alle Zutaten soeben verbunden haben.

5. Die **Blaubeeren** waschen, trocken tupfen und in einer kleinen Schüssel in etwas **Speisestärke** oder **Mehl** wälzen (damit sie beim Backen nicht auf den Boden sickern und zu viel Saft verlieren). Anschließend 180 g davon mit einem Teigschaber vorsichtig unter den Teig heben.

6. Den Teig in die Backform füllen und die Form vorsichtig einige Male auf die Arbeitsplatte klopfen, damit die Luftblasen verschwinden und die Oberseite glatt wird.

7. Die restlichen Blaubeeren darauf verteilen und den Kuchen für ca. 55 Minuten backen, oder bis beim Stäbchentest kein Teig mehr hängen bleibt (Stäbchentest bitte nicht weglassen!).

8. Anschließend 10–15 Minuten in der Form abkühlen lassen. Dann herausnehmen und auf einem Kuchengitter vollständig auskühlen lassen.

9. Die **Schlagcreme** mit einem Handmixer steif schlagen und beiseitestellen.

10. In einem anderen Rührgefäß **Frischkäse, Puderzucker, Zitronensaft** sowie **Blaubeerpulver** und **San-apart** (optional) cremig mixen. Danach vorsichtig die geschlagene Sahne mit einem Teigschaber unterheben.

11. Den Kuchen mit der Blaubeercreme bestreichen und nach Belieben mit frischen **Blaubeeren, Brombeeren** und **Kokosraspeln** dekorieren.

Fortsetzung auf Seite 202 

Blaubeerkuchen

Fortsetzung von Seite 201

Tipps

- Natron lässt sich mit der doppelten Menge Backpulver ersetzen (also 2 TL Backpulver statt 1 TL Natron). Allerdings hat zu viel Backpulver oft einen leicht bitteren Nachgeschmack.
- Droht der Kuchen beim Backen zu dunkel werden, ihn einfach locker mit einem Stück Backpapier abdecken.
- Der Kuchen kann ohne Frosting in einem Behälter bei Raumtemperatur bis zu 3 Tage aufbewahrt werden. Luftdicht verpackt hält er sich im Kühlschrank sogar bis zu 5 Tage.
- Falls der Kuchen mit der Zeit zu trocken wird, kann man die Stücke vor dem Verzehr einmal kurz in der Mikrowelle erwärmen. So wird er wieder weich und saftig!
- Kuchenreste lassen sich problemlos für 3 Monate einfrieren, indem man sie in Gefrierbeutel legt (einzelne Stücke mit Backpapier abtrennen oder separat in Frischhaltefolie einwickeln).

VEGAN

VEGAN

Nuss-Sahne-Torte

Vorbereitung: 5 Minuten
Zubereitung: 35 Minuten
+ 30 Minuten Backzeit
2 × Springform (Ø 20 cm)

Zutaten für 8–12 Stück

Kuchenböden

320 g Weizen- oder Dinkelmehl (oder glutenfreie Mehlmischung)
2 TL Backpulver
100 g gemahlene Haselnüsse (oder andere gemahlene Nüsse)
½ TL Natron (oder 1 weiterer TL Backpulver)
1 Prise Salz
1–2 TL Zimt (optional)
200 g Rohrohrzucker (oder anderer Zucker)
320 ml Sojamilch (oder andere Pflanzenmilch)
120 ml Pflanzenöl (z. B. Rapsöl mit Buttergeschmack oder Sonnenblumenöl)
2–3 EL Rum (oder 5 Tropfen Rum-Aroma oder anderes Aroma, optional)
1 EL Apfelessig (oder 2 EL Zitronensaft)

Nuss-Sahne

400 ml vegane Schlagcreme
3 EL feiner Zucker (oder nach Geschmack)
2 Päckchen Sahnefest (oder 4 TL San-apart)
100 g gemahlene Haselnüsse (oder andere gemahlene Nüsse)

Topping

Gehackte Haselnüsse (Haselnuss-Krokant)
Weiße Johannisbeeren (optional)

Böden

1. Den Ofen auf 180 °C Ober-/Unterhitze vorheizen. Die Ränder der beiden Springformen einfetten und die Böden mit Backpapier auslegen.
2. **Mehl** und **Backpulver** in eine große Schüssel sieben. Gemahlene **Haselnüsse, Natron, Salz, Zimt** und **Zucker** hinzufügen und alles vermischen.
3. In einem Rührgefäß **Pflanzenmilch, Öl, Rum** und **Apfelessig** verrühren. Diese Mischung dann zu den trockenen Zutaten geben und alles kurz zu einem Teig verrühren, bis sich die Zutaten soeben verbunden haben.
4. Den Teig zu gleichen Teilen in die vorbereiteten Springformen geben, glatt streichen und ca. 30 Minuten backen, bis beim Stäbchentest nichts mehr hängen bleibt. Anschließend 10–15 Minuten in der Form abkühlen lassen, dann herausnehmen und auf einem Kuchengitter vollständig abkühlen lassen.

Sahne

1. In einem Rührgefäß die **Schlagcreme** mit einem elektrischen Handmixer steif schlagen, dabei **Zucker** und **Sahnefest** einrieseln lassen.
2. Anschließend die gemahlenen **Haselnüsse** vorsichtig mit einem Teigschaber unterheben.

Die Torte schichten

1. Die beiden Kuchenböden waagerecht halbieren und bei Bedarf die Kuppe etwas abschneiden (aus Kuchenresten kann man Cake-Pops machen), sodass man 4 gleich große Tortenschichten erhält.
2. Eine Kuchenschicht auf eine Tortenplatte legen und ca. ¼ der Nuss-Sahne darauf verteilen.
3. Den nächsten Tortenboden darüberlegen, wieder mit Sahne bestreichen und diesen Vorgang auch für die dritte Schicht wiederholen. Dann die vierte Schicht darauflegen und die ganze Torte mit Sahne einstreichen.
4. Zum Schluss die Seiten der Torte mit gehackten **Haselnüssen** bestreuen (das funktioniert am besten, wenn man die Torte auf eine saubere Arbeitsfläche stellt und dann die Nüsse vorsichtig an die Seiten der Torte »wirft«. Anschließend die restlichen Nüsse wieder aufsammeln und erneut an die Seiten werfen).
5. Die restliche Sahne in einen Spritzbeutel füllen und Sahnehäubchen auf die Torte spritzen. Nach Belieben mit weißen **Johannisbeeren** dekorieren und entweder sofort servieren oder bis zum Verzehr im Kühlschrank aufbewahren.

Fortsetzung auf Seite 206

Nuss-Sahne-Torte

Fortsetzung von Seite 205

Tipps

- **Mehl:** Für fluffig weiche Kuchen eignet sich helles Weizen- oder Dinkelmehl oder eine glutenfreie Mehlmischung 1:1 am besten. Bei Verwendung eines schwereren Mehls, wie z. B. Vollkorn- oder Hafermehl, werden Backwaren kompakter.
- **Pflanzenmilch:** Sojamilch eignet sich aufgrund ihrer bindenden Eigenschaft am besten für veganes Backen.
- **Fruchtschicht:** Wer mag, kann die Kuchenschichten noch mit Marmelade oder Kompott bestreichen, bevor die Sahne draufkommt.
- **Backzeit:** Kann variieren, je nach Ofentyp und der Art der Backform. Auch ein Abdecken des Kuchens während des Backens spielt hierbei eine Rolle. Daher unbedingt eine Stäbchenprobe durchführen! Bedenke: Je länger man den Kuchen backt, desto trockener wird er.
- **Aufbewahrung:** Tortenreste können abgedeckt im Kühlschrank bis zu 4 Tage aufbewahrt werden, je nachdem wie stabil die Sahne ist. Die Kuchenböden lassen sich auch einfrieren.
- **Vorbereitung:** Bei Torten empfehle ich immer, die Kuchenböden bereits am Vortrag zu backen, da sie sich leichter schneiden und schichten lassen, wenn sie gut gekühlt und nicht mehr so fluffig sind. Die Kuchenböden nach dem Auskühlen fest in Frischhaltefolie wickeln und bis zum Schichten im Kühlschrank lagern.

Nährwerte pro Stück (12 insgesamt): 431 kcal, Fett 26 g, KH 46 g, EW 7 g. Optional glutenfrei.

Kiwi-Cheesecake-Torte ohne Backen

Zubereitung: 30 Minuten
+ 2–4 Std. Kühlzeit
Runde Backform (Ø 20 cm)

Zutaten für 12 Stücke

Keksboden
150 g vegane Kekse (z. B. Karamellkekse oder Haferkekse)
50 g vegane Butter (oder Kokosöl)

Cheesecake-Schicht
2 Kiwis (ca. 140 g)
200 ml vegane Schlagcreme (oder Kokoscreme*)
400 g Sojaquark Natur (z. B. »Skyr Style«) oder veganer Frischkäse
50 g Zucker (Sorte nach Belieben)
Abgeriebene Schale von ca. ⅓ Bio-Zitrone
1 TL Vanilleextrakt (oder ½ TL gemahlene Vanille)
1½ TL reines Agar-Agar (siehe Tipps)
80 ml kaltes Wasser

Fruchtspiegel
2 Kiwis (ca. 140 g)
60 ml Wasser
2 EL Zitronensaft
2 EL Zucker (Sorte nach Belieben)
½ TL reines Agar-Agar
1 Tropfen grüne Lebensmittelfarbe (oder Matcha-Pulver, optional)

Nach Belieben zum Garnieren
Kiwibeeren
Brombeeren
Blaubeeren
Kokosraspel

Boden

1. Die **Kekse** in einer Küchenmaschine zerkleinern (oder in einen Gefrierbeutel geben und mit einem Nudelholz zu Krümeln zerdrücken).
2. Die vegane **Butter** schmelzen und mit den Keksbröseln gut vermengen.
3. Den Boden der Form mit Backpapier auslegen. Die Keksmasse darauf verteilen und zu einem gleichmäßigen Boden festdrücken. Dann 20 Minuten in den Kühlschrank (oder 5–10 Minuten in den Gefrierschank) stellen.

Cheesecake-Schicht

1. Die **Kiwis** im Mixer (oder mit einem Pürierstab) fein pürieren. Beiseitestellen.
2. Die **Schlagcreme** in einem Rührgefäß mit einem elektrischen Handmixer aufschlagen. Ebenfalls beiseitestellen.
3. In einer anderen Schüssel den **Sojaquark, Zucker, Zitronenabrieb,** und **Vanilleextrakt** mit den pürierten Kiwis cremig mixen. Beiseitestellen.
4. In einem Topf **Agar-Agar** in das kalte **Wasser** rühren, laut Packungsanweisung aufkochen und 1–2 Minuten unter Rühren kochen. Anschließend zügig unter die Kiwi-Quark-Mischung mixen und dann vorsichtig die geschlagene Schlagcreme unterheben.
5. Die Cheesecake-Creme auf den vorgekühlten Keksboden geben, glatt streichen und 1–2 Stunden in den Kühlschrank stellen, bis die Oberfläche fest geworden ist.

Fruchtspiegel

1. Die **Kiwis** im Mixer fein pürieren. In einem Topf **Wasser, Zitronensaft, Zucker, Agar-Agar,** Kiwipüree und optional grüne **Lebensmittelfarbe** verrühren und laut Packungsanweisung aufkochen und 1–2 Minuten kochen. Anschließend unter Rühren etwas abkühlen lassen und löffelweise auf den Kuchen gießen, bis die Oberfläche komplett bedeckt ist. Weitere 1–2 Stunden (oder über Nacht) in den Kühlschrank stellen, bis die Torte vollständig fest geworden ist.
2. Die feste Torte vorsichtig aus der Form nehmen und nach Belieben mit **Kiwibeeren, Brombeeren, Blaubeeren** und **Kokosraspeln** garnieren.

Fortsetzung auf Seite 208 

Kiwi-Cheesecake-Torte ohne Backen

Fortsetzung von Seite 207

Tipps

- **Vorbereitung:** Den Keksboden und die Käsekuchenschicht kann man auch schon am Vortag zubereiten. Dann muss man nur noch die Kiwi-Glasur über die Torte gießen und vor dem Servieren ein paar Minuten im Kühlschrank fest werden lassen.
- **Agar-Agar:** Es ist wichtig, reines (hundertprozentiges) Agar-Agar zu verwenden, sonst braucht man mehr!
- Kommt gesüßter Sojaquark zum Einsatz, braucht man weniger zusätzlichen Zucker. Die Creme am besten vorher probieren.
- *Kokoscreme ist der feste Anteil, der sich an der Oberfläche einer Dose Kokosmilch absetzt.

Nährwerte pro Stück: 307 kcal, Fett 14 g, KH 36 g, EW 6 g. Optional glutenfrei.

Süßes & Desserts

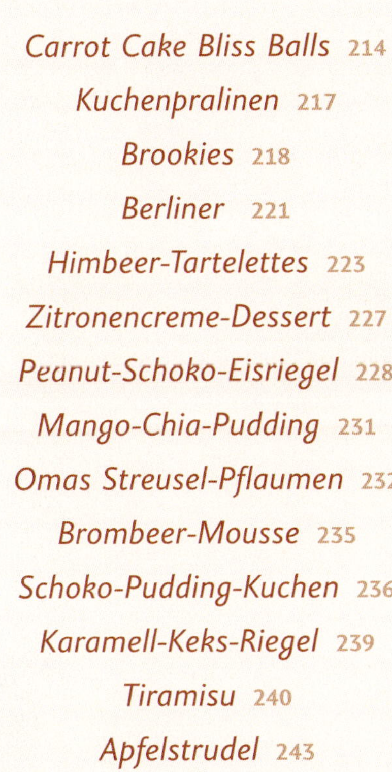

Carrot Cake Bliss Balls 214

Kuchenpralinen 217

Brookies 218

Berliner 221

Himbeer-Tartelettes 223

Zitronencreme-Dessert 227

Peanut-Schoko-Eisriegel 228

Mango-Chia-Pudding 231

Omas Streusel-Pflaumen 232

Brombeer-Mousse 235

Schoko-Pudding-Kuchen 236

Karamell-Keks-Riegel 239

Tiramisu 240

Apfelstrudel 243

Carrot Cake Bliss Balls

Zubereitung: 20 Minuten

Zutaten für 19 Stück

150 g Karotten
70 g Haferflocken (bei Bedarf glutenfrei)
100 g Nüsse (Mandeln, Haselnüsse oder Walnüsse oder eine Mischung)
1 Prise Salz
1 TL Zimt
½ TL gemahlene Vanille (oder 1 TL Vanilleextrakt)
100 g weiche Trockenfrüchte (z. B. Aprikosen oder Datteln)

Zum Wälzen

Kokosraspel

Nährwerte pro Stück: 65 kcal, Fett 3 g, KH 6 g, EW 2 g. Frei von raffiniertem Zucker, optional glutenfrei.

1. Die **Karotten** fein raspeln und beiseitestellen.
2. **Haferflocken, Nüsse,** 1 Prise **Salz, Zimt** und **Vanille** in eine Küchenmaschine oder einen Hochleistungsmixer geben und fein mahlen.
3. Dann die **Trockenfrüchte** und die geriebenen Karotten hinzufügen und kurz mixen, bis sich alles verbunden hat und die Masse zusammenhält.
4. Aus der Mischung ca. 19 Kugeln (à etwa 22 g) formen und anschließend nach Belieben in **Kokosraspeln** wälzen.
5. Sofort genießen oder in einem luftdichten Behälter im Kühlschrank aufbewahren.

♥ **Trockenfrüchte:** Wenn die Aprikosen oder Datteln etwas trocken sind, kann man sie vorher 5–10 Minuten in heißem Wasser einweichen. Anschließend abtropfen lassen und trocken tupfen.

♥ **Aufbewahrung:** Die Bliss Balls sind im Kühlschrank 7 Tage haltbar und können auch eingefroren werden.

BIANCA
ZAPATKA

Kuchenpralinen

Vorbereitung: 5 Minuten (+ optional 45 Minuten für den Nusskuchen)
Zubereitung: 15 Minuten + 10 Minuten Kühlzeit

Zutaten für 15 Stück

300 g gebackener Rührkuchen (wie z. B. die Böden der Nuss-Sahne-Torte, S. 205)
75 g veganer Frischkäse (oder Margarine, siehe Tipps)
150 g vegane Schokolade (Sorte nach Belieben)
1–2 TL Kokosöl (optional für eine glattere Konsistenz der Schokolade)
Gehackte Haselnüsse (oder andere Nüsse oder Kokosraspel oder bunte Streusel)

Nährwerte pro Stück: 155 kcal, Fett 9 g, KH 16 g, EW 2 g.
Frei von raffiniertem Zucker bei Verwendung von Rührkuchen ohne raffinierten Zucker, optional glutenfrei.

1. Den gebackenen **Rührkuchen** (z. B. den Nusskuchen nach Rezept auf S. 205) auskühlen lassen (oder Kuchenreste verwenden).
2. Den Kuchen mit den Händen möglichst fein in eine große Schüssel bröseln.
3. Den **Frischkäse** hinzufügen und alles gut vermengen (siehe Tipps).
4. Aus der Mischung etwa 15 Kugeln (à etwa 25 g) formen. In einen verschließbaren Behälter oder auf einen Teller legen und abgedeckt ca. 5–10 Minuten in den Gefrierschrank (oder 20 Minuten in den Kühlschrank) stellen.
5. Für die Glasur die **Schokolade** grob hacken und mit dem **Kokosöl** in einer hitzebeständigen Schüssel langsam über einem Wasserbad schmelzen.
6. Die gekühlten Kuchenkugeln nacheinander auf Schaschlikspieße spießen und in die Schokolade tauchen. Etwas abtropfen lassen und dann vorsichtig mit genügend Abstand zueinander in ein Glas stellen (um Abdrücke auf den Kugeln zu vermeiden) oder auf ein mit Backpapier ausgelegtes Brett legen.
7. Die Schokolade aushärten lassen. Dann nach Belieben mit der restlichen Schokolade (oder einer anderen Sorte) sowie gehackten **Haselnüssen** verzieren.
8. Bis zum Servieren im Kühlschrank aufbewahren.

Guten Appetit!

Tipps

- **Kuchen:** Grundsätzlich lässt sich ein beliebiger Rührkuchen verwenden. Je nachdem, wie saftig oder trocken der Kuchen ist, braucht man jedoch eventuell etwas mehr oder weniger Frischkäse. Bei Bedarf etwas Pflanzenmilch hinzufügen. Sollte die Mischung versehentlich zu feucht geworden sein, kann man einige Keksbrösel, Kokosraspeln oder gemahlene Haferflocken untermischen.
- **Frischkäse:** Stattdessen lässt sich auch 50 g Margarine + 25 ml Pflanzenmilch verwenden oder übriges Frosting aufbrauchen.

Brookies

Vorbereitung: 5 Minuten
Zubereitung: 15 Minuten
+ 25 Minuten Backzeit
Brownieform (18 × 28 cm oder 23 × 23 cm)

Zutaten für 15 Stück

Brownie-Teig
- 120 g vegane Butter (oder Margarine oder Kokosöl)
- 120 g dunkle vegane Schokolade
- 160 g Weizen- oder Dinkelmehl (oder glutenfreie Mehlmischung), gesiebt
- 30 g Kakaopulver
- 1 Prise Salz
- 1 TL Backpulver
- 150 g Zucker (Sorte nach Belieben, ich nehme eine Mischung aus Rohrohrzucker und Kokosblütenzucker)
- 120 g Apfelmark (oder 1 zerdrückte Banane oder 2 Leinsamen-Eier)
- 60 ml Kaffee (oder Espresso oder heißes Wasser)
- 1 TL Vanilleextrakt (optional)

Cookie-Teig
- 180 g Weizen- oder Dinkelmehl (oder glutenfreie Mehlmischung), gesiebt
- 1 Prise Salz
- 1 TL Backpulver
- 100 g Zucker (Sorte nach Belieben, ich nehme eine Mischung aus Rohrohrzucker und Kokosblütenzucker)
- 100 g vegane Butter (oder Margarine oder Kokosöl)
- 2 EL Wasser
- 100 g vegane Schoko-Drops

Brownie-Teig

1. Den Backofen auf 180 °C Ober-/Unterhitze vorheizen und die Brownieform leicht einfetten und mit Backpapier auslegen.
2. Die vegane **Butter** mit der **Schokolade** über einem Wasserbad oder in der Mikrowelle schmelzen.
3. **Mehl, Kakaopulver, Salz, Backpulver** und **Zucker** in einer Schüssel vermischen. Die Schokoladenmischung, **Apfelmark, Kaffee** und **Vanilleextrakt** hinzufügen und alles kurz zu einem relativ dicken Teig vermengen. Den Brownie-Teig in die vorbereitete Backform füllen und glatt streichen.

Cookie-Teig

1. **Mehl, Salz, Backpulver** und **Zucker** in einer Schüssel vermischen. Vegane **Butter** und **Wasser** hinzufügen und alles mit den Händen kurz zu einem Teig verkneten. Zuletzt die **Schoko-Drops** kurz unterkneten und dann den Cookie-Teig in kleinen Stücken auf dem Brownie-Teig verteilen (es muss nicht alles bedeckt sein).
2. Die Brookies etwa 25 Minuten backen, bis beim Stäbchentest kein roher Teig mehr am Stäbchen klebt. Anschließend aus dem Ofen nehmen und komplett in der Form abkühlen lassen.
3. Mit Hilfe des Backpapiers aus der Form nehmen, in Quadrate schneiden und genießen!

Nährwerte pro Stück: 334 kcal, Fett 18 g, KH 40 g, EW 4 g.
Frei von raffiniertem Zucker, optional glutenfrei.

❤ Mehl und Kakaopulver am besten vorher sieben, um Klümpchen zu vermeiden und um weichere Brownies zu erhalten. Wichtig ist es auch, den Teig zu rühren, solange er noch flüssig ist. Man sollte ihn auch nur kurz rühren, bis die Zutaten sich gerade verbunden haben.

❤ Die Brookies lassen sich gekühlt besser schneiden. Frisch gebacken und warm sind sie noch sehr bröselig. Ein heißes Messer erzielt dabei die besten Ergebnisse.

❤ Wer die Brownies gerne saftig mag, nimmt sie ein paar Minuten früher heraus. Wer sie jedoch kuchenartiger und etwas fester mag, verlängert die Backzeit um ein paar Minuten.

Berliner

Vorbereitung: 20 Minuten
+ 65 Minuten Ruhezeit
Zubereitung: 15 Minuten

Zutaten für 8 Stück oder 12 Mini-Berliner

120 ml Sojamilch (oder Hafermilch)
25 g Zucker (+ mehr zum Wälzen)
¼ Würfel frische Hefe (oder ½ Pck. Trockenhefe, siehe Tipps)
250 g Weizen- oder Dinkelmehl (oder glutenfreie Mehlmischung)
1 Prise Salz
½ Pck. Vanillezucker
40 g vegane Butter oder Margarine, geschmolzen

Außerdem

1 l Öl zum Frittieren (z. B. hocherhitzbares Sonnenblumen- oder Rapsöl)
100 g Himbeer-Marmelade (oder andere Konfitüre ohne Stückchen)
Puderzucker (zum Bestäuben)

Nährwerte pro Stück (bei 12 Berlinern insgesamt): 233 kcal, Fett 15 g, KH 22 g, EW 3 g. Optional glutenfrei.

1. **Sojamilch** und 1 EL **Zucker** in eine kleine Schüssel geben. Die **Hefe** hineinbröseln und verrühren, bis sie sich aufgelöst hat. Dann einige Minuten beiseitestellen, bis die Mischung zu Schäumen beginnt.
2. **Mehl, Salz,** restlichen **Zucker** und **Vanillezucker** in einer Schüssel vermischen und in der Mitte eine Kuhle formen. Die Hefemischung und die flüssige vegane **Butter** in die Kuhle gießen und mit einem Holzlöffel einarbeiten. Danach mit dem Knethaken einer Küchenmaschine oder mit den Händen ca. 8 Minuten kneten, bis ein geschmeidiger Teig entsteht.
3. Den Teig zu einer Kugel formen, leicht mit **Öl** bepinseln und luftdicht abgedeckt ca. 40 Minuten bei Zimmertemperatur aufgehen lassen. (Anschließend kann man die Schüssel optional über Nacht in den Kühlschrank stellen und erst am nächsten Tag weitermachen.)
4. Den aufgegangenen Hefeteig in 8 Stücke teilen. Jedes Stück wie Brötchen zu einem Ball formen (rundschleifen) und dann zu ca. 2 cm dicken Kreisen flach drücken. (Alternativ den gesamten Teig ausrollen und mit einem Glas oder Ausstecher Kreise mit ca. 7 cm Durchmesser ausstechen.)
5. Die Teiglinge mit etwas Abstand zueinander auf ein mit Backpapier ausgelegtes Brett oder Blech legen und nochmals ca. 25 Minuten abgedeckt gehen lassen.
6. Das Öl in einem weiten Topf oder einer tiefen Pfanne (oder Fritteuse) auf ca. 170 °C erhitzen (optional lassen sich die Berliner auch im Backofen zubereiten, siehe Tipps).
7. Teiglinge vorsichtig hineingleiten lassen und die Temperatur auf mittlere Stufe zurückschalten.
8. Einen Deckel auflegen und die Berliner ca. 2–3 Minuten ausbacken, bis die Unterseite goldbraun ist. Dann vorsichtig wenden und die andere Seite ebenfalls 2–3 Minuten goldbraun frittieren.
9. Die Berliner vorsichtig mit einer Schaumkelle herausnehmen, auf ein mit Küchenpapier ausgelegtes Gitter legen. Kurz abtropfen lassen und dann in Zucker wälzen.
10. Die **Marmelade** in einen Spritzbeutel mit möglichst langer schmaler Tülle füllen (bei Bedarf die Marmelade leicht erwärmen, sodass sie etwas flüssiger wird). Dann seitlich in die Krapfen stechen und die Marmelade einfüllen (ca. 10 g, je nach Größe).
11. Die gefüllten Berliner nach Belieben zusätzlich mit **Puderzucker** bestäuben und möglichst frisch essen.

Fortsetzung auf Seite 222 

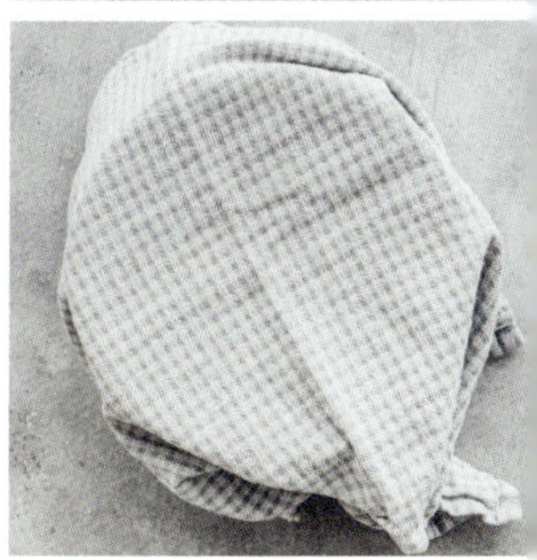

Berliner

Fortsetzung von Seite 221

Tipps

Trockenhefe: Kann man direkt zur Mehlmischung geben. Dann einfach alle flüssigen Zutaten dazugeben und laut Anleitung zu einem Teig verkneten.

Über Nacht: Wer den Teig über Nacht ruhen lässt, kommt mit der halben Menge Hefe aus.

Marmelade: Auch andere Beerenmarmeladen oder Aprikosenmarmelade, Pflaumenmus etc. schmecken gut. Natürlich kann man die Berliner auch mit anderen Füllungen wie Nuss-Nougat-Creme, Vanillepudding oder Apfel-Zimt-Füllung zubereiten.

Öl: Die benötigte Ölmenge hängt von der Topfgröße ab. Der Topf/die Pfanne sollte etwa 3 cm hoch mit Öl gefüllt sein. Um zu prüfen, ob das Öl heiß genug ist, einfach ein Holzstäbchen hineintunken. Wenn Blasen an dem Holz aufsteigen, ist das Fett heiß genug. Dabei unbedingt darauf achten, dass das Fett nicht zu heiß ist, da die Berliner sonst außen schnell dunkel werden, aber innen noch nicht durchgebacken sind.

Backofen: Man kann die Berliner auch im vorgeheizten Ofen bei 180 °C Ober-/Unterhitze (160 °C Umluft) ca. 15–20 Minuten backen, bis sie goldbraun sind. Nach dem Backen auf einem Kuchengitter abkühlen lassen.

Mini-Berliner: Das Rezept ergibt 8 große oder 12 Mini-Berliner. Mini-Berliner sind etwas schneller gar.

Aufbewahrung: Die Berliner schmecken am Tag der Zubereitung am besten, weil sie dann schön fluffig sind. Wenn sie mit der Zeit härter geworden sind, kann man sie aber einfach kurz in der Mikrowelle erwärmen. Dadurch werden sie wieder wunderbar weich!

Himbeer-Tartelettes

Vorbereitung: 5 Minuten
Zubereitung: 25 Minuten
+ 15 Minuten Backzeit
+ 1 Std. Kühlzeit

Zutaten für 6 Granola-Tartelettes

160 g Haferflocken (oder andere Getreideflocken, bei Bedarf glutenfrei)
120 g gemahlene Mandeln (oder andere gemahlene Nüsse oder Sonnenblumen-/Kürbiskerne)
⅓ TL gemahlene Bourbon-Vanille (optional)
1 TL Zimt (optional)
1 EL Kakaopulver (optional)
4 EL Kokosöl
3 EL Ahornsirup (oder ein anderer Sirup)

Himbeer-Pannacotta + Guss

300 g TK-Himbeeren oder andere Beeren (ergibt ca. 200 ml Saft)
200 ml Kokosmilch aus der Dose (oder andere Pflanzenmilch)
½ TL reines Agar-Agar (siehe Tipps)
1 TL Vanilleextrakt (oder ⅓ TL gemahlene Bourbon-Vanille)
2 EL Zucker
100 ml Wasser
2 TL Speise-/Maisstärke für den Himbeerguss

Zum Garnieren

Frisches Obst nach Belieben

Nährwerte pro Tartelette:
434 kcal, Fett 28 g, KH 36 g, EW 9 g.
Optional glutenfrei.

Tartelettes

1. Den Ofen auf 180 °C Ober-/Unterhitze vorheizen.
2. Die **Haferflocken** in eine Küchenmaschine oder einen Mixer geben und grob mahlen. In eine Rührschüssel geben. Gemahlene **Mandeln** (oder andere Nüsse/Kerne), **Vanille** und **Zimt** hinzufügen und alles vermischen. (Wer ganze Nüsse oder Kerne verwendet, kann sie einfach zusammen mit den Haferflocken zu Mehl mixen. Wer Schoko-Granola möchte, kann noch **Kakaopulver** hinzugeben.)
3. Das **Kokosöl** in einem kleinen Gefäß schmelzen. Dann gemeinsam mit dem **Ahornsirup** zu der Hafer-Mandel-Mischung geben und alles zu einer Masse vermengen (sollte die Mischung zu trocken sein, kann man etwas Wasser hinzugeben).
4. Die Mischung auf 6 leicht gefettete Tartelette-Formen verteilen und gut festdrücken.
5. Die Tartelettes ca. 15 Minuten leicht goldbraun backen. Anschließend auskühlen lassen, dann vorsichtig herausdrücken.

Pannacotta

1. Die **Himbeeren** in einem Topf auftauen und kurz köcheln lassen, bis sie leicht zerdrückt werden können. Dann durch ein feines Sieb streichen und die Flüssigkeit auffangen (ergibt ca. 200 ml).
2. Für die Himbeer-Pannacotta **Kokosmilch** und **Agar-Agar** in einem Topf verrühren, bis sich das Pulver vollständig aufgelöst hat. Anschließend unter Rühren zum Kochen bringen und 1–2 Minuten (oder laut Packungsanweisung) unter Rühren kochen.
3. **Vanille,** 1 ½ EL **Zucker** und 100 ml **Himbeersaft** zügig unterrühren. Kurz abkühlen lassen und in die Tartelette-Formen füllen. Danach ca. 1 Stunde im Kühlschrank fest werden lassen (sollte etwas von der Füllung übrig bleiben, kann man sie in Dessert-Gläser füllen und nach dem Festwerden als Dessert mit Himbeersauce servieren).

Fortsetzung auf Seite 224 

Himbeer-Tartelettes

 Fortsetzung von Seite 223

Himbeerguss

1. Für den Himbeerguss den restlichen Himbeersaft mit 100 ml **Wasser** und **Stärke** sowie ½ EL Zucker in einem Topf verrühren, bis sich alles vollständig aufgelöst hat. Dann unter Rühren aufkochen und köcheln lassen, bis es eindickt. Vorsichtig auf der Himbeer-Pannacotta in den Tartelette-Formen verteilen.
2. Den Guss kurz festwerden lassen, zuletzt die Granola-Tartelettes nach Belieben mit frischem **Obst** dekorieren und sofort servieren oder bis zum Verzehr im Kühlschrank lagern.

Tipps

♥ **Aufbewahrung:** Die Granola-Törtchen lassen sich gut im Voraus zubereiten. Ohne die Füllung sind die »Müsli-Schalen« in einem luftdichten Behälter bei Zimmertemperatur bis zu 1 Woche haltbar. Wenn sie mit der Pannacotta gefüllt sind, sollten sie im Kühlschrank aufbewahrt und innerhalb von 3 Tagen verzehrt werden. Wenn sie mit Joghurt oder Pudding gefüllt sind, sollte man sie am besten sofort verspeisen, da die Granola-Kruste sonst weich wird.

♥ **Agar-Agar:** Es ist wichtig, reines (hundertprozentiges) Agar-Agar zu verwenden, sonst braucht man mehr!

♥ Man kann mit diesem Rezept auch traditionelles Granola herstellen. Dazu die Haferflocken jedoch nicht mahlen und die Mandeln nur grob hacken. Einfach alle Zutaten vermengen, die Granola-Mischung in Schritt 4 auf ein mit Backpapier ausgelegtes Backblech geben und etwa 20–25 Minuten backen, bis das Granola leicht goldbraun ist (zwischendurch durchmischen). Es hält sich in einem luftdichten Behälter bei Zimmertemperatur bis zu 3 Wochen.

Zitronencreme-Dessert

Zubereitung: 10 Minuten

Zutaten für 4–5 Gläser

Lemon-Curd-Pudding
160 ml Pflanzenmilch
½ Päckchen Vanille-Puddingpulver (oder 18 g Mais-/Speisestärke + ½ TL Vanilleextrakt)
80 ml Zitronensaft (von ca. 2 Zitronen)
1 TL abgeriebene Zitronenschale
50 g Rohrohrzucker (oder anderer Zucker nach Belieben)
1 Prise Kurkuma (optional)

Außerdem
100 g Granola (S. 14, oder zerkrümelte Kekse oder gehackte Nüsse)
500 g veganer Joghurt (Kokos, Natur oder Vanille)

Nach Belieben zum Garnieren
Blaubeeren
Brombeeren
Minze

Nährwerte pro Glas (bei 5 insgesamt): 207 kcal, Fett 7 g, KH 25 g, EW 8 g. Frei von raffiniertem Zucker, optional glutenfrei.

Pudding

1. Etwa 3–4 Esslöffel der **Pflanzenmilch** in ein Gefäß gießen und das **Vanille-Puddingpulver** darin verrühren.

2. Die restliche Pflanzenmilch mit **Zitronensaft, Zitronenschale, Rohrohrzucker** und (optional) 1 Prise **Kurkuma** in einem Topf aufkochen. Dann die Hitze reduzieren, die Pudding-Mischung zügig einrühren und das Ganze erneut aufkochen und rühren, bis ein dicker cremiger Pudding entsteht. Anschließend vom Herd nehmen.

Dessert schichten

Dessert-Gläser abwechselnd mit **Granola, Joghurt** und **Lemon-Curd-Pudding** schichten und zum Schluss nach Belieben mit **Blaubeeren, Brombeeren** und **Minze** garnieren.

Guten Appetit!

Tipps

♥ Ich empfehle, keine Hafermilch zu verwenden, da der Pudding sonst nicht fest werden könnte.

♥ Der Lemon-Curd-Pudding kann auch im Voraus zubereitet und dann in einem luftdichten Behälter bis zu zwei Wochen im Kühlschrank aufbewahrt werden. Sobald das Zitronen-Pudding-Dessert geschichtet ist, sollte es am besten sofort verzehrt werden, da das Granola sonst weich wird.

Peanut-Schoko-Eisriegel

Vorbereitung: Einweichzeit über Nacht
+ 5 Minuten
+ 20–30 Minuten Kühlzeit
Zubereitung: 10 Minuten
+ mind. 75 Minuten Kühlzeit
Backform (20 × 20 cm)

Zutaten für 16 Riegel
150 g Cashewkerne
200 g Kokoscreme*
80 g Ahornsirup
2 TL Vanilleextrakt

Karamell-Schicht
200 g Kokoscreme*
160 g Ahornsirup
45 g Erdnussmus
150 g geröstete und gesalzene Erdnüsse

Schokoladen-Glasur
300 g dunkle vegane Schokolade (70 %), gehackt
2 EL Kokosöl (optional), damit die Schokolade flüssiger wird

Nährwerte pro Riegel: 429 kcal, Fett 28 g, KH 35 g, EW 7 g. Frei von raffiniertem Zucker, glutenfrei.

Eiscreme

1. Die **Cashewkerne** über Nacht in Wasser einweichen (oder 15 Minuten kochen, um das Ganze zu beschleunigen). Mit frischem Wasser abspülen und in einem Sieb abtropfen lassen.
2. Cashewkerne, **Kokoscreme, Ahornsirup** und **Vanilleextrakt** in einen Mixer oder eine Küchenmaschine geben und cremig pürieren (oder einen leistungsstarken Stabmixer verwenden).
3. Die Mischung in die mit Backpapier ausgelegte Form füllen und im Gefrierschrank in etwa 20–30 Minuten fest werden lassen.

Karamell-Schicht

1. In einem mittelgroßen Topf **Kokoscreme** und **Ahornsirup** vermischen und zum Kochen bringen. Etwa 5–8 Minuten kochen lassen, bis die Masse zu einer karamellartigen Sauce eingedickt ist. Dann vom Herd nehmen und das **Erdnussmus** einrühren.
2. Die Karamellsauce über die feste Cashew-Schicht gießen, mit **Erdnüssen** garnieren und einfrieren, bis das Karamell fest ist (mindestens 1–2 Stunden oder über Nacht).
3. Anschließend in 16 Riegel schneiden und nochmals 15 Minuten lang einfrieren.

Glasur

1. In der Zwischenzeit die **Schokolade** hacken und zusammen mit dem **Kokosöl** langsam über einem Wasserbad schmelzen.
2. Jeden Riegel in die Schokolade tauchen und auf eine mit Backpapier ausgelegte Unterlage legen, damit die Schokolade aushärten kann. Im Gefrierschrank bis zu 2 Wochen aufbewahren und mindestens 15 Minuten vor dem Verzehr antauen lassen, damit das Eis cremiger ist.

♥ **Cashews:** Anstelle von Cashewkernen kann man auch blanchierte Mandeln, Macadamianüsse oder Erdnüsse nehmen. Wer keinen Mixer hat, kann auch Nussmus in der gewünschten Sorte verwenden. Dies ist vor allem empfehlenswert, wenn man eine kleinere Menge herstellen möchte, da sich diese nur schwer in einem Mixer pürieren lässt.

♥ ***Kokoscreme:** Bei einer zuvor über Nacht gekühlten Dose vollfette Kokosmilch kann man die feste Kokoscreme von der Oberseite abkratzen. Auf Raumtemperatur gebracht, wird sie wieder weich. Wer kein Kokos-Fan ist, kann stattdessen auch pro Schicht 100 g veganen Frischkäse + 100 g pflanzliche Sahne verwenden, um eine ähnliche Konsistenz zu erhalten.

♥ **Schokolade:** Man kann auch andere vegane Schokoladensorten wie weiße Schokolade verwenden.

Mango-Chia-Pudding

Vorbereitung: 5 Minuten
+ mind. 1 Std. Kühlzeit
Zubereitung: 5 Minuten

Zutaten für 4 Portionen
400 ml Kokosmilch
40 g Chiasamen
2 EL Kokosraspel
1 EL Ahornsirup
½ TL Vanilleextrakt

Mango-Püree
2 große reife Mangos

Nach Belieben zum Garnieren
Maracuja
Himbeeren
Johannisbeeren
Kokoschips
Minze

Nährwerte pro Portion: 353 kcal, Fett 26 g, KH 28 g, EW 4 g. Frei von raffiniertem Zucker, glutenfrei.

1. **Kokosmilch, Chiasamen, Kokosraspel, Ahornsirup** und **Vanilleextrakt** in einem Glas oder einer Schüssel gut verrühren. Dann 1 Minute stehen lassen und erneut durchrühren.
2. Nun mit einem Deckel verschließen und für mindestens 1 Stunde (oder über Nacht) in den Kühlschrank stellen.
3. Die **Mangos** schälen und schneiden und in einer Küchenmaschine oder einem Mixer oder mit einem Pürierstab glatt pürieren.
4. Den Chia-Pudding nochmal durchrühren und auf Gläser verteilen. Das Mangopüree daraufgeben und nach Belieben mit **Maracuja, Himbeeren, Johannisbeeren, Kokoschips** und **Minze** garnieren.

Tipps

♥ Am besten eignet sich ein Schneebesen, um den Chia-Pudding zu verrühren und um sicherzustellen, dass sich keine Klümpchen bilden.
♥ Man kann den Chia-Pudding prima am Vorabend zubereiten und dann über Nacht im Kühlschrank quellen lassen, damit er am nächsten Tag zum Frühstück bereit ist!
♥ Wenn die Mangos schwer zu pürieren sind, kann man 1–2 Esslöffel Wasser hinzufügen.
♥ Der Pudding kann vor dem Servieren auch in einem Mixer cremig gemixt werden, um einen glatteren Pudding zu erhalten.

Omas Streusel-Pflaumen

Vorbereitung: 5 Minuten
Zubereitung: 15 Minuten
+ 25–30 Minuten Backzeit
Auflaufform oder ofenfeste Pfanne (Ø 25 cm)

Zutaten für 4 Portionen

Streusel

60 g Weizen- oder Dinkelmehl (oder glutenfreie Mehlmischung)
50 g gemahlene Haselnüsse
40 g zarte Haferflocken (bei Bedarf glutenfrei)
30 g Rohrohrzucker (+ etwas mehr zum Bestreuen)
1 TL Zimt
1 Prise Salz
60 g vegane Butter, gewürfelt
500 g Pflaumen

Nach Belieben zum Garnieren

Puderzucker
Granatapfelkerne

Nach Belieben zum Servieren

Veganes Vanilleeis
Vegane Karamellsauce

Nährwerte pro Portion: 364 kcal, Fett 21 g, KH 40 g, EW 6 g. Frei von raffiniertem Zucker, optional glutenfrei.

1. Den Ofen auf 200 °C Ober-/Unterhitze (180 °C Umluft) vorheizen.
2. Für die Streusel **Mehl, Nüsse, Haferflocken, Zucker, Zimt** und **Salz** in einer Schüssel vermischen. Die vegane **Butter** in Stücken hinzugeben und alles miteinander zu Streuseln verkneten.
3. Die **Pflaumen** waschen, trocknen, entkernen und vierteln. Die Auflaufform oder die ofenfeste Pfanne einfetten und die Pflaumen hineingeben.
4. Die Streusel auf den Pflaumen verteilen und mit etwas Zucker bestreuen. Dann im vorgeheizten Ofen ca. 25–30 Minuten goldbraun backen.
5. Anschließend kurz abkühlen lassen und nach Belieben mit **Puderzucker** bestäuben und mit **Granatapfelkernen** garnieren. Dazu schmeckt **Vanilleeis** und **Karamellsauce.**

Guten Appetit!

- Dieses Rezept gelingt auch mit anderem Obst wie Zwetschgen, Birnen, Kirschen oder Beeren.
- Statt Rohrohrzucker kann man auch braunen Zucker, Kokosblütenzucker, normalen Haushaltszucker oder einen anderen Zucker verwenden.
- Reste halten sich bis zu 4 Tage im Kühlschrank. Der Streuselteig kann auch eingefroren werden.

Brombeer-Mousse

Zubereitung: 10 Minuten
+ 1 Std. Kühlzeit

Zutaten für 4 Gläser

300 g TK-Brombeeren (oder frische)
120 ml vegane Schlagcreme
200 g Sojaquark (z. B. »Skyr-Style«)
50 g Rohrohrzucker (oder anderer Zucker oder Sirup nach Geschmack)
1 TL Vanilleextrakt (optional)
Saft von 1 Zitrone oder Limette
1 TL Agar-Agar (siehe Tipps)
80 ml Wasser

Nach Belieben zum Garnieren

Kokos-Joghurt
Brombeeren
Kokosraspel
Minze

Nährwerte pro Glas: 241 kcal, Fett 2 g, KH 52 g, EW 4 g. Frei von raffiniertem Zucker, glutenfrei.

1. Die **TK-Brombeeren** in einen Kochtopf geben und erhitzen, bis sie aufgetaut und weich sind (optional frische Brombeeren pürieren). Anschließend eine Schüssel unter ein feinmaschiges Sieb platzieren, die Brombeeren in das Sieb geben und die Kerne ausstreichen.
2. In einem Rührgefäß die **Schlagcreme** mit einem Handmixer aufschlagen. Beiseitestellen.
3. Als Nächstes in einer großen Rührschüssel **Sojaquark, Zucker, Vanilleextrakt, Zitronen- oder Limettensaft** und **Brombeerpüree** cremig rühren. Ebenfalls beiseitestellen.
4. In einem kleinen Topf **Agar-Agar** in 80 ml **Wasser** einrühren. Sobald sich das Agar-Agar vollständig aufgelöst hat, die Mischung unter Rühren zum Kochen bringen und ca. 1–2 Minuten (oder nach Packungsanweisung) unter ständigem Rühren köcheln lassen. Beiseitestellen.
5. Jetzt muss zügig gearbeitet werden, damit das Agar-Agar nicht klumpig wird: zuerst die Agar-Agar-Mischung unter die Brombeercreme mixen, dann die aufgeschlagene Pflanzensahne fix unterheben.
6. Die Brombeer-Mousse auf Gläser (à etwa 240 ml) verteilen und mindestens 1 Stunde in den Kühlschrank stellen, bis sie fest geworden ist.
7. Nach Belieben mit **Kokos-Joghurt,** frischen **Brombeeren, Kokosraspeln** und **Minze** garnieren.

Tipps

♥ **Raumtemperatur:** Alle Zutaten sollten zimmerwarm und nicht gekühlt sein. Ansonsten wird die Creme stückig, wenn das Agar-Agar zu schnell geliert.

♥ **Agar-Agar:** Es ist wichtig, reines (hundertprozentiges) Agar-Agar zu verwenden, sonst braucht man mehr! Viele Agar-Agar-Produkte enthalten noch weitere Zutaten, wie z. B. Zucker, sodass der Agar-Agar-Anteil geringer ist. Daher bitte die Hinweise auf der Verpackung beachten. Bei Agartine mit nur 30 Prozent Agar-Agar-Anteil benötigt man die 3- oder 4-fache Menge, also 1 Beutel.

Schoko-Pudding-Kuchen

Zubereitung: 5 Minuten
+ 1 Std. Kühlzeit

Zutaten für 8 Portionen

150 g vegane Schokolade (60 % Kakaoanteil)
500 ml Pflanzenmilch
1 TL reines Agar-Agar
50 g Zucker (oder nach Geschmack)
Kakaopulver zum Bestäuben (optional)

Nährwerte pro Portion: 165 kcal, Fett 8 g, KH 20 g, EW 4 g. Glutenfrei.

1. Die **Schokolade** fein hacken.
2. **Pflanzenmilch** in einen Topf gießen. **Agar-Agar** hinzugeben und verrühren, bis es sich vollständig aufgelöst hat.
3. **Zucker** und Schokolade dazugeben und alles unter Rühren erwärmen, bis die Schokolade geschmolzen ist und die Mischung aufkocht. Das ganze 1–2 Minuten unter Rühren köcheln lassen.
4. Anschließend vom Herd nehmen und in eine leere Pflanzenmilchpackung (oder in eine Kastenform oder in hitzebeständige Gläser oder Puddingförmchen) füllen.
5. Zunächst auf Raumtemperatur abkühlen lassen und dann 1 Stunde im Kühlschrank fest werden lassen.
6. Sobald das Dessert schnittfest ist, kann man es aus der Form nehmen und mit **Kakaopulver** bestäuben.

Guten Appetit!

♥ Dieser Schoko-Pudding-Kuchen kann mit jeder Pflanzenmilch zubereitet werden! Egal ob Sojamilch, Cashewmilch, Mandelmilch, Hafermilch, Haselnussmilch oder Kokosmilch. Wenn man das Schoko-Dessert jedoch cremiger und reichhaltiger haben möchte, empfiehlt es sich, eine pflanzliche Milch mit höherem Fettgehalt wie Kokosmilch oder Sahne wie Soja- oder Hafer-Cuisine zu verwenden.

♥ Wer kein Agar-Agar hat, kann es durch 30 g Maisstärke oder eine andere Speisestärke ersetzen. Dabei ist jedoch zu bedenken, dass die Konsistenz dann anders sein wird.

♥ Das Schoko-Dessert hält sich etwa 3 Tage im Kühlschrank.

BIANCA
ZAPATKA

Karamell-Keks-Riegel

Vorbereitung: 10 Minuten
+ 10–12 Minuten Backzeit
Zubereitung: 10 Minuten
+ 40 Minuten Kühlzeit
Backform (20 × 20 cm)

Zutaten für 16 Riegel

Boden
120 g blanchierte Mandeln, gemahlen (oder andere gemahlene Nüsse oder Kerne, falls nussfrei)
50 g Kokosmehl (oder gemahlene Haferflocken, bei Bedarf glutenfrei)
60 g Kokosöl, geschmolzen
2 EL Ahornsirup (oder anderer Sirup)
1 TL Vanilleextrakt
1 Prise Salz

Karamell
250 g Erdnussmus (cremige Erdnussbutter ohne Zusätze; alternativ Cashew-, Mandel- oder Sesammus, falls nussfrei)
60 g Kokosöl, geschmolzen
60 g Ahornsirup (oder anderer Sirup)
1 TL Vanilleextrakt
½ TL Salz

Schokolade
200 g dunkle vegane Schokolade, gehackt
1–2 EL Kokosöl
Meersalz (optional)

1. Den Ofen auf 180 °C Ober-/Unterhitze vorheizen. Die Backform leicht fetten und mit Backpapier auslegen.
2. In einer Schüssel gemahlene **Mandeln, Kokosmehl,** flüssiges **Kokosöl, Ahornsirup, Vanilleextrakt** und **Salz** zu einer krümeligen Masse vermengen. In die vorbereitete Backform drücken und ca. 10–12 Minuten backen, bis die Oberfläche leicht goldbraun wird. Aus dem Ofen nehmen und abkühlen lassen, bis der Boden richtig fest geworden ist.
3. **Erdnussmus, Kokosöl, Ahornsirup,** und **Vanilleextrakt** in einen kleinen Topf geben und bei mittlerer Hitze unter Rühren vorsichtig aufkochen. Etwa 2 Minuten köcheln lassen, dann vom Herd ziehen und sofort über den gebackenen Boden gießen. Die Form für etwa 30 Minuten in den Gefrierschrank stellen, bis das Karamell fest ist. Anschließend den Block mit Hilfe des Backpapiers aus der Form heben und mit einem scharfen Messer in 16 Riegel schneiden.
4. Die **Schokolade** mit dem **Kokosöl** langsam über einem Wasserbad oder in der Mikrowelle schmelzen und jeden Riegel mit der Schokoladenglasur überziehen bzw. in diese eintauchen. Nochmals 10 Minuten einfrieren, damit die Schokolade fest wird, und nach Belieben mit der restlichen Schokolade und **Meersalz** verzieren.
5. Sofort verzehren oder für später im Gefrier- oder Kühlschrank aufbewahren.

Nährwerte pro Riegel: 317 kcal, Fett 26 g, KH 11 g, EW 7 g. Frei von raffiniertem Zucker, glutenfrei.

Tipps

♥ Beim Auslegen der Form mit Backpapier am besten ein paar Zentimeter Überstand lassen. So kann der Keksblock später leichter herausgehoben werden, ohne zu zerbrechen.
♥ Wem die Schokoladenschicht zu dünn ist, kann die Riegel doppelt eintauchen.
♥ Die Riegel lassen sich in einem verschlossenen Behälter bis zu 7 Tage im Kühlschrank oder bis zu 2 Monate im Gefrierschrank aufbewahren.

Tiramisu

Zubereitung: 15 Minuten
+ mind. 4 Std. Kühlzeit
Auflaufform (ca. 18 × 25 cm)

Zutaten für 6 Portionen

200 ml Espresso (oder starker Kaffee)
70 g Zucker
4 EL Amaretto oder Rum
70 g Zucker
200 ml vegane Schlagcreme
300 g veganer Mascarpone
12 Stücke Zwieback (oder Kekse)
Kakaopulver zum Bestäuben

Nährwerte pro Portion: 451 kcal, Fett 30 g, KH 41 g, EW 4 g. Optional glutenfrei.

1. Zunächst den **Espresso** kochen und 2 EL **Zucker** darin auflösen. Dann abkühlen lassen und anschließend den **Amaretto** unterrühren.
2. Die **Schlagcreme** mit einem Handrührgerät steif schlagen und beiseitestellen.
3. In einer anderen Rührschüssel den **Mascarpone** mit dem restlichen Zucker cremig rühren. Dann vorsichtig die aufgeschlagene Schlagcreme mit einem Teigschaber unterheben.

Tiramisu schichten

1. Die **Zwiebackstücke** nebeneinander auf den Boden der Auflaufform legen und mit dem abgekühlten Espresso beträufeln (oder den Zwieback zuerst in den Espresso tunken und dann in die Form legen).
2. Die Mascarpone-Creme in einen Spritzbeutel füllen und auf den getränkten Zwieback spritzen. Diesen Vorgang mit einer weiteren Schicht Zwieback und Creme wiederholen.
3. Das Tiramisu anschließend mindestens 4 Stunden (oder über Nacht) in den Kühlschrank stellen.
4. Vor dem Servieren mit **Kakaopulver** bestäuben, nach Belieben dekorieren und genießen!

- Statt Zwieback kann man auch einen Biskuitboden backen oder beliebige vegane Kekse verwenden.
- Wer keinen Kaffee mag, kann stattdessen einfach Kakao nehmen und (bei Bedarf) den Amaretto weglassen.
- Bittermandelöl sorgt für einen ähnlichen Geschmack wie Amaretto.
- Für einen fruchtigeren Geschmack der Creme klein geschnittene Früchte wie Erdbeeren oder Pfirsiche untermengen. Damit die Creme nicht zu flüssig wird, ggf. Sahnesteif oder Maisstärke hinzufügen.

Apfelstrudel

Vorbereitung: 15 Minuten
+ 1 Std. Ruhezeit
Zubereitung: 10 Minuten
+ 30–35 Minuten Backzeit

Zutaten für 8 Portionen

150 g Weizen- oder Dinkelmehl (oder glutenfreie Mehlmischung)
1 Prise Salz
80 g Wasser (lauwarm)
2 EL Pflanzenöl (z. B. Raps- oder Sonnenblumenöl) + etwas mehr zum Bestreichen

Füllung

700 g Äpfel, entkernt und ungeschält (oder geschält, je nach Belieben)
50 g Rosinen
50 g Paniermehl (bei Bedarf glutenfrei)
50 g Zucker
1 TL Zimt
1 Spritzer Zitronensaft (optional)
50 g vegane Butter, flüssig (davon ca. 2 EL zum Bepinseln)
Etwas Puderzucker zum Bestäuben

Vanillesauce

500 ml Pflanzenmilch (z. B. Soja-, Kokos- oder Mandelmilch)
20 g Mais-/Speisestärke (oder Vanille-Puddingpulver)
3 EL Rohrohrzucker (oder anderer Zucker oder Sirup nach Geschmack)
1–2 TL Vanilleextrakt (oder gemahlene Bourbon-Vanille oder das Mark von 1 Vanilleschote)
1 Prise Kurkuma (optional für die Farbe)

Nährwerte pro Portion: 255 kcal, Fett 9 g, KH 42 g, EW 3 g. Optional glutenfrei.

Teig

1. **Mehl** und **Salz** in einer Schüssel vermischen. Eine Mulde in die Mitte drücken. **Wasser** und **Öl** hineingießen und vom Rand her nach und nach das Mehl einarbeiten. Dann mit den Händen ca. 5–10 Minuten kneten, bis ein geschmeidiger Teig entsteht.
2. Den Teig zu einer Kugel formen und zurück in die Schüssel legen. Mit etwas Öl bestreichen, die Schüssel luftdicht abdecken und 1 Stunde bei Zimmertemperatur ruhen lassen.

Füllung

1. In der Zwischenzeit die Füllung vorbereiten. Hierfür zunächst die entkernten **Äpfel** vierteln und fein hobeln.
2. Anschließend **Rosinen, Paniermehl, Zucker, Zimt, Zitronensaft** (optional) und flüssige vegane **Butter** hinzugeben und alles vorsichtig vermengen.

Strudel füllen

1. Den Backofen auf 200 °C Ober-/Unterhitze vorheizen. Ein Backblech mit Backpapier auslegen.
2. Den Teig auf einem großen, bemehlten Küchentuch zu einem sehr dünnen Rechteck ausrollen/ziehen, bis man fast durchgucken kann.
3. Die Füllung gleichmäßig auf dem Teig verteilen, dabei einen Rand von ca. 2–3 cm aussparen. Die Ränder mit etwas veganer Butter bepinseln (damit sie knusprig werden) und nach innen falten. Dann den Strudel mit Hilfe des Küchentuches vorsichtig einrollen und mit der Naht nach unten auf das vorbereitete Backblech legen/rollen.
4. Den Strudel mit der restlichen flüssigen veganen Butter bestreichen und ca. 30–35 Minuten backen.
5. Anschließend kurz abkühlen lassen, mit **Puderzucker** bestäuben und nach Belieben mit **Vanillesauce** servieren.

Fortsetzung auf Seite 244 

Apfelstrudel

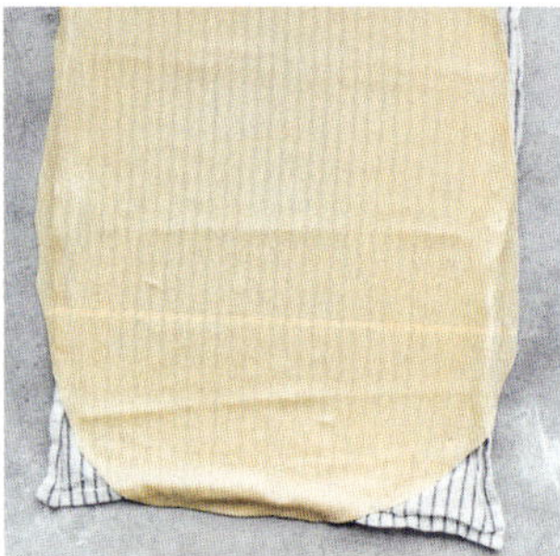

 Fortsetzung von Seite 243

Vanillesauce

1. 3 EL von der **Pflanzenmilch** in ein kleines Gefäß geben und die **Speisestärke** mit optional **Kurkuma** darin auflösen.
2. Die restliche Pflanzenmilch in einem Topf zum Kochen bringen. Dann die Stärke-Mischung, **Zucker** und **Vanille** einrühren und nochmal unter Rühren aufkochen. Anschließend vom Herd nehmen und ebenfalls abkühlen lassen (wenn man verhindern möchte, dass sich oben eine Haut bildet, kann man die Oberfläche mit Frischhaltefolie abdecken).

Guten Appetit!

- Für Apfelstrudel eignen sich besonders gut Äpfel mit viel Säure wie Boskop, Braeburn, Elstar, Jonagold oder Cox Orange, aber auch alle anderen aromatischen Äpfel sind super!
- Die Schale von den Äpfeln kann auch dranbleiben, sofern man Bio-Äpfel verwendet. Damit lassen sich nicht nur Abfälle vermeiden, es ist auch gesünder, denn unter der Schale stecken die meisten Vitamine und Mineralstoffe.
- Durch das Hinzufügen von Zitronensaft verfärbt sich die Apfelfüllung nicht.
- Wer mag, kann die Rosinen auch vorher in Rum einweichen.
- Die Zuckermenge kann man nach Geschmack reduzieren. Alternativ kann der Zucker auch ganz weggelassen werden.

Infos & Tipps

Agar-Agar
Ich empfehle immer, reines, das heißt hundertprozentiges, Agar-Agar zu verwenden. Andernfalls benötigt man mehr, da viele Agar-Agar-Produkte noch weitere Zutaten, wie beispielsweise Zucker, enthalten.

Backen mit Beeren
Sehr saftige oder gefrorene Beeren sollte man bei der Verwendung in Backrezepten (vor dem Auftauen) mit Speisestärke bestreuen oder darin wälzen, damit sie später nicht matschig und/oder der Kuchen oder die Muffins nicht zu feucht werden.

Ei-Ersatz
Eine der »Herausforderungen« beim veganen Backen besteht darin, den richtigen Ei-Ersatz zu finden. Die Eier dienen als Bindemittel und verleihen Kuchen die lockere Fluffigkeit. Es ist aber gar nicht schwer, das gleiche Ergebnis mit pflanzlichen Zutaten zu erzielen. Ich verzichte auf fertige Ei-Ersatz-Mischungen und ersetze Eier beispielsweise mit Obst (Äpfel, Bananen), Sojamilch oder Leinsamen. Welcher Ei-Ersatz sich am besten eignet, kommt ganz aufs Rezept an. Bei Muffins und fluffigen Kuchen verwende ich oft eine reife Banane, Apfelmark oder Kürbispüree, damit wird der Teig schön saftig, fruchtig und luftig. Sojajoghurt, -milch oder -quark eignen sich besonders gut als Bindemittel, da Sojaprodukte viel Lecithin enthalten. In den Tipps finden sich mehr Informationen, zugeschnitten auf das jeweilige Rezept.

Glutenfreie Haferflocken
Haferflocken sind zwar an sich glutenfrei, Menschen mit Glutenunverträglichkeit sollten dennoch darauf achten, dass Haferflocken verwendet werden, die explizit als glutenfrei gekennzeichnet sind. Im Anbau und bei der Verpackung kommen Haferflocken nämlich häufig in Kontakt mit glutenhaltigen Getreidesorten. Bei glutenfreien Haferflocken, die mit einem Gütesiegel ausgezeichnet sind, wird hingegen darauf geachtet, dass es nicht zu einer Verunreinigung mit Gluten kommt.

Glutenfreie Mehlmischung
Grundsätzlich lässt sich Mehl durch eine glutenfreie Mehlmischung 1:1 ersetzen. Eine Mischung eignet sich am besten, da sie mehrere glutenfreie Mehle, die verschiedene Eigenschaften aufweisen, miteinander kombiniert und zusätzlich glutenfreie Bindemittel enthält.

Kala Namak
Das »schwarze Salz« eignet sich gut, um veganen Gerichten eine Ei-Note zu verleihen. Bei der Verwendung sollte man allerdings beachten, dass Kala Namak weniger salzig ist als normales Salz.

Kokoscreme
Lässt sich leicht selbst herstellen, indem man eine Dose (400 ml) vollfette Kokosmilch über Nacht in den Kühlschrank stellt und am nächsten Tag die feste Kokoscreme von der Oberseite abkratzt. Die Creme wird weicher, wenn man sie anschließend wieder auf Raumtemperatur bringt.

Die vegane Ernährungspyramide

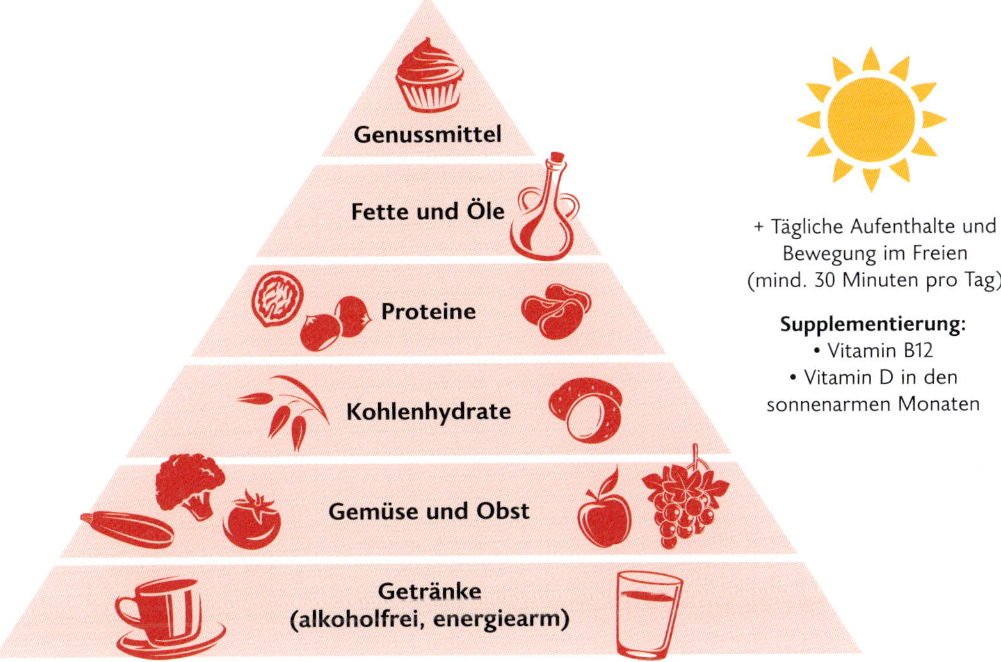

Grafik basierend auf: Gießener vegane Lebensmittelpyramide (S. Weder, C. Schaefer, M. Keller, 2018)

Anhand der veganen Ernährungspyramide können wir sehen, in welchem Verhältnis wir welche Lebensmittel konsumieren sollten und was die Basis dabei bildet. Unten das, was wir am häufigsten essen sollten, und oben an der Spitze das, was unser Körper gar nicht oder am wenigsten benötigt. Die einzelnen Bereiche von unten nach oben:

Getränke: Man sollte täglich genügend Wasser (besonders kalziumreiche Mineralwässer mit mind. 400 mg pro Liter und andere alkoholfreie, zuckerarme oder kalorienarme Getränke wie Tee oder Kaffee trinken. Das Bundesministerium für Ernährung empfiehlt Erwachsenen im Durchschnitt 1,5 Liter täglich (was sich jedoch nicht exakt pauschalisieren lässt).

Gemüse und Obst: Ballaststoffe, Vitamine, sekundäre Pflanzenstoffe und Mineralstoffe sind essenziell für eine gesunde vegane Ernährung. Pro Tag sollte man 3 Portionen Gemüse (mind. 400 g) und 2 Portionen Obst (mind. 250 g) zu sich nehmen. Je roher das Gemüse, desto mehr Nährstoffe sind enthalten.

Kohlenhydrate: Am besten verzehren wir täglich 3 Portionen davon. Das können Brot, Kartoffeln, Quinoa, Pseudogetreide, Reis, Vollkornnudeln o. Ä. sein. Vollkornprodukte sind dabei nicht nur gesünder, sondern halten uns auch länger satt und versorgen uns mit wichtigen Nährstoffen, Vitaminen, komplexen Kohlenhydraten, Eiweiß und Ballaststoffen.

Proteine (Nüsse und Samen, Hülsenfrüchte und Milchalternativen): Die pflanzlichen Eiweißlieferanten sollten mehrmals die Woche auf dem veganen Teller zu finden sein. Eine Handvoll Nüsse, Tofu, Linsen, Bohnen, Quinoa, Haferflocken und Co. können bereits einen Großteil des täglichen Proteinbedarfs decken (1–2 g Protein pro kg Körpergewicht).

4 EL wertvoller **Fette und Öle** reichen pro Tag aus. Die gesättigten und ungesättigten Fettsäuren von Olivenöl, mit DHA angereichertem Leinöl, Albaöl oder Nussölen lassen sich beim Kochen verarbeiten. Auch Nüsse, Saucen und Dips wie Erdnusssauce, Hummus, Guacamole & Co. eignen sich gut als gesunde Fettquelle.

Ganz oben finden wir **Genussmittel:** Alkohol, gezuckerte Getränke, Süßigkeiten und Knabbereien. Auch wenn ich sehr viel Gebäck und köstliche Desserts auf meinem Blog vorstelle, sollen diese Leckereien bewusst und in Maßen genossen werden. Nicht in Massen.

Heimischer Saisonkalender

Gemüse

Gemüse	Januar	Februar	März	April	Mai	Juni	Juli	August	September	Oktober	November	Dezember
Blumenkohl			≡	◠	☀	☀	☀	☀	☀	☀	☀	
Bohnen					☀	☀	☀	☀	☀	☀		
Brokkoli				☀	☀	☀	☀	☀	☀	☀	☀	
Chinakohl	≡	≡	≡	≡	◠	☀	☀	☀	☀	☀	☀	≡
Erbsen					☀	☀	☀	☀	☀			
Fenchel					◠	☀	☀	☀	☀	☀	☀	
Grünkohl	☀	☀							☀	☀	☀	☀
Gurken (Salat-)				◠	◠	◠	◠	◠	◠	◠		
Kartoffeln	≡	≡	≡	≡	≡	☀	☀	☀	☀	☀	☀	≡
Kohlrabi					☀	☀	☀	☀	☀	☀	◠	
Kürbis	≡	≡	≡						☀	☀	☀	≡
Mangold						☀	☀	☀	☀	☀		
Möhren	≡	≡	≡	≡	◠	☀	☀	☀	☀	☀	☀	≡
Pastinaken	≡	≡	≡	≡				☀	☀	☀	☀	≡
Porree (Lauch)	☀	☀	☀	☀	☀	☀	☀	☀	☀	☀	☀	☀
Radieschen				◠	☀	☀	☀	☀	☀	☀	☀	
Rettich	≡	≡	≡	≡	☀	☀	☀	☀	☀	☀	☀	≡
Rhabarber				◠	☀	☀	☀					
Rosenkohl	☀	☀	≡						☀	☀	☀	☀
Rote Beete	≡	≡	≡	≡	≡	☀	☀	☀	☀	☀	☀	≡
Rotkohl	≡	≡	≡	≡	≡	◠	☀	☀	☀	☀	☀	≡
Sellerie (Stauden-)					◠	☀	☀	☀	☀	☀	☀	
Sellerie (Knollen-)	≡	≡	≡	≡	≡	≡	☀	☀	☀	☀	☀	≡
Spargel				☀	☀	☀						
Speiserüben					◠	☀	☀	☀	☀	☀	☀	
Spinat				☀	☀	☀	☀	☀	☀	☀	☀	
Spitzkohl	≡	≡			◠	☀	☀	☀	☀	☀	☀	≡
Tomaten					◠	◠	◠	◠	◠	◠		
Weißkohl	≡	≡	≡	≡	◠	◠	☀	☀	☀	☀	☀	≡
Wirsingkohl	≡	≡	≡	≡	≡	◠	☀	☀	☀	☀	☀	≡
Zucchini						◠	☀	☀	☀	☀		
Zuckermais								☀	☀	☀		
Zwiebeln (Gemüse-)	≡	≡	≡	≡	≡	◠	☀	☀	☀	☀	≡	≡
Zwiebeln (Lauch-)				◠	☀	☀	☀	☀	☀	☀	☀	

Obst

	Januar	*Februar*	*März*	*April*	*Mai*	*Juni*	*Juli*	*August*	*September*	*Oktober*	*November*	*Dezember*
Äpfel	≡	≡	≡	≡	≡			☀	☀	☀	≡	≡
Aprikosen							☀	☀				
Birnen	≡							☀	☀	≡	≡	≡
Brombeeren								☀	☀	☀		
Erdbeeren					⌂	☀	☀	☀	☀	⌂		
Heidelbeeren							☀	☀				
Himbeeren						⌂	☀	☀				
Johannisbeeren						☀	☀	☀				
Kirschen (sauer)							☀	☀				
Kirschen (süß)						☀	☀	☀				
Mirabellen							☀	☀				
Pfirsiche							☀	☀				
Pflaumen								☀	☀			
Quitten										☀	☀	
Stachelbeere							☀	☀	☀			
Tafeltrauben								☀	☀	☀		

Salate

	Januar	*Februar*	*März*	*April*	*Mai*	*Juni*	*Juli*	*August*	*September*	*Oktober*	*November*	*Dezember*
Eisbergsalat					☀	☀	☀	☀	☀	☀		
Endiviensalat					☀	☀	☀	☀	☀	☀	☀	
Feldsalat	⌂	⌂	⌂	⌂	☀	☀	☀	☀	☀	☀	☀	
Kopf- und Blattsalat			⌂	⌂	☀	☀	☀	☀	☀	☀	⌂	⌂
Radicchio						☀	☀	☀	☀	☀	⌂	
Romanasalat					☀	☀	☀	☀	☀	☀	☀	
Rucola (Rauke)	⌂	⌂	⌂	⌂	☀	☀	☀	☀	☀	☀	☀	≡

Quelle: Verbraucherzentrale

☀ Freilandprodukte
≡ Lagerware
⌂ Geschützter Anbau und Produkte aus ungeheizten oder schwach geheizten Gewächshäusern

Zutatenregister

Apfel
Apfelbrot 45
Apfel-Schoko-Kuchen 185
Apfelstrudel 243
Brookies 218
Hirse-Porridge 25
Versunkener Apfelkuchen 176
Apfelmark
Apfelbrot 45
Kürbis-Brötchen 41
Ofen-Pfannkuchen 30
Versunkener Apfelkuchen 176
Zucchini-Brot 46
Aprikose
Carrot Cake Bliss Balls 214
Avocado
Frühstücks-Burritos 38
Green Goddess Bowl 63

Banane
Bananen-Muffins 26
Frühstückspizza 17
Hirse-Porridge 25
Mini-Bananen-Pancakes 29
Schoko-Bananen-Müsliriegel 33
Blaubeeren
Blaubeerkuchen 201
Blaubeer-Streusel-Muffins 190
Blaue Limetten-Tarte 197
Kiwi-Cheesecake-Torte 207
Ofen-Pfannkuchen 30
Zitronencreme-Dessert 227
Blumenkohl
Blumenkohl-Pizza 152
Tandoori-Blumenkohl-Bowl 145
Bohnen
Erdnuss-Curry 133
Brokkoli
Brokkoli-Käse-Nuggets 111
Green Goddess Bowl 63
Mini-Gemüse-Frittata-Muffins 49
Brombeeren
Blaubeerkuchen 201
Blaue Limetten-Tarte 197
Brombeer-Mousse 235
Kiwi-Cheesecake-Torte 207
Zitronencreme-Dessert 227

Cashewkerne
Granola 14
Kürbis-Linsen-Curry 130
Nacho-Käse-Dip (Queso-Sauce) 80
Paprika-Cashew-Dip 71
Pasta mit Süßkartoffel-Sauce 138
Peanut-Schoko-Eisriegel 228
Chinakohl
Knusprige Reispapier-Dumplings 161
Cranberrys
Hirse-Porridge 25
Versunkener Apfelkuchen 176
Crème fraîche, vegane
Käse-Lauch-Suppe 116
Knoblauchsoße 72
Zwiebelkuchen 169

Datteln
Carrot Cake Bliss Balls 214
Himbeer-Cheesecake-Torte 183

Edamame
Green Goddess Bowl 63
Erbsen
Klassischer Nudelsalat 59
Mini-Gemüse-Frittata-Muffins 49
Erdbeeren
Cremiger Haferbrei 22
Kaiserschmarrn 18
Mini-Bananen-Pancakes 29
Overnight Oats 21
Erdnüsse
Erdnuss-Curry 133
Knuspriger Tofu Asia-Style auf Reis 134
Peanut-Schoko-Eisriegel 228
Tempeh-Reisnudel-Bowl 151

Feta, veganer
Kichererbsen-Pfannkuchen 50
Linsensalat 56
Mediterraner Nudelsalat 60
Risotto 165
Fleischwurst, vegane
Klassischer Nudelsalat 59
Frischkäse, veganer
Blaubeerkuchen 201
Kiwi-Cheesecake-Torte 207
Kuchenpralinen 217
Obstkuchen mit Pudding 189
Pizzaschnecken 95
Frühlingszwiebel
Chili Cheese Fries 120
Erdnuss-Curry 133
Fisch-Frikadellen 156
Green Goddess Bowl 63
Knusprige Reispapier-Dumplings 161
Knuspriger Tofu Asia-Style auf Reis 134
Mini-Gemüse-Frittata-Muffins 49
Tempeh-Reisnudel-Bowl 151

Gewürzgurke
Klassischer Nudelsalat 59
Remoulade 84
Granatapfelkerne
Apfel-Schoko-Kuchen 185
Cremiger Haferbrei 22

Himbeer-Cheesecake-Torte 183
Himbeer-Rhabarber-Streusel-kuchen 198
Hirse-Porridge 25
Kaiserschmarrn 18
Kürbis-Hummus 75
Kürbis-Linsen-Curry 130
Obstkuchen mit Pudding 189
Ofen-Pfannkuchen 30
Omas Streusel-Pflaumen 232
Tandoori-Blumenkohl-Bowl 145
Versunkener Apfelkuchen 176

Hack, veganes
Chili Cheese Fries 120
Kartoffel-Hack-Auflauf 155
Käse-Lauch-Suppe 116
Omas Bauerntopf 166
Haferflocken
Bananen-Muffins 26
Bohnenbällchen – Bean Balls 115
Carrot Cake Bliss Balls 214
Cremiger Haferbrei 22
Granola 14
Frühstückspizza 17
Himbeer-Cheesecake-Torte 183
Himbeer-Tartelettes 223
Joghurt-Beeren-Muffins 193
Omas Streusel-Pflaumen 232
Overnight Oats 21
Quinoa-Bratlinge 112
Schoko-Bananen-Müsliriegel 33
Zucchini-Brot 46
Haselnüsse
Carrot Cake Bliss Balls 214
Granola 14
Kuchenpralinen 217
Nuss-Sahne-Torte 205
Omas Streusel-Pflaumen 232
Hefeflocken
Blumenkohl-Pizza 152
Brokkoli-Käse-Nuggets 111
Cremige Knoblauch-Pasta 137
Grünkern-Bratlinge 107
Käse-Lauch-Suppe 116
Mini-Gemüse-Frittata-Muffins 49
Nacho-Käse-Dip (Queso-Sauce) 80
Pasta mit Süßkartoffel-Sauce 138
Risotto 165
Rote Linsen-Bratlinge 108
Rührtofu 37
Schlemmerfilet mit Kartoffelpüree und Rahmspinat 159
Tahini-Pasta mit Kichererbsen 142
Tomaten-Pesto mit Spaghetti 141
Himbeeren
Cremiger Haferbrei 22
Himbeer-Cheesecake-Torte 183
Himbeer-Rhabarber-Streusel-kuchen 198
Himbeer-Tartelettes 223
Mango-Chia-Pudding 231
Ofen-Pfannkuchen 30

Jackfruit
Fisch-Frikadellen 156
Jalapeño
Nacho-Käse-Dip (Queso-Sauce) 80
Pico de Gallo (mexikanische Salsa) 79
Joghurt, veganer
Brombeer-Mousse 235
Fisch-Frikadellen 156
Frühstückspizza 17
Joghurt-Beeren-Muffins 193
Kichererbsen-Pfannkuchen 50
Kürbis-Brötchen 41
Mamas Kürbissuppe 119
Minz-Joghurt-Sauce 87
Nacho-Käse-Dip (Queso-Sauce) 80
Rührtofu 37
Tandoori-Blumenkohl-Bowl 145
Türkisches Fladenbrot – Ramazan Pidesi 68
Zitronencreme-Dessert 227
Johannisbeeren
Mango-Chia-Pudding 231
Mini-Bananen-Pancakes 29
Nuss-Sahne-Torte 205
Ofen-Pfannkuchen 30
Overnight Oats 21

Kapern
Fisch-Frikadellen 156
Karotte
Carrot Cake Bliss Balls 214
Erdnuss-Curry 133
Fisch-Frikadellen 156
Goldene Linsensuppe 123
Grünkern-Bratlinge 107
Knusprige Reispapier-Dump-lings 161
Knuspriger Tofu Asia-Style auf Reis 134
Linsenburger 147
Mini-Gemüse-Frittata-Muffins 49
Omas Bauerntopf 166
Quinoa-Bratlinge 112
Tempeh-Reisnudel-Bowl 151
Kartoffel
Fisch-Frikadellen 156
Kartoffel-Hack-Auflauf 155
Knusprige Ofenkartoffeln 96
Mamas Kürbissuppe 119
Omas Bauerntopf 166
Pommes selber machen 99
Schlemmerfilet mit Kartoffelpüree und Rahmspinat 159
Kichererbsen
Chana Masala 124
Fisch-Frikadellen 156
Kichererbsen-Pfannkuchen 50
Kürbis-Hummus 75
Mediterraner Nudelsalat 60
Tahini-Pasta mit Kichererbsen 142
Tandoori-Blumenkohl-Bowl 145
Kidneybohnen
Bohnenbällchen – Bean Balls 115
Chili Cheese Fries 120
Frühstücks-Burritos 38
Kirschen
Stracciatella-Kirsch-Kuchen 179
Kiwi
Kiwi-Cheesecake-Torte 207
Kiwibeeren
Kiwi-Cheesecake-Torte 207
Kokosmilch
Apfel-Schoko-Kuchen 185
Blaue Limetten-Tarte 197
Goldene Linsensuppe 123
Himbeer-Tartelettes 223
Kürbis-Linsen-Curry 130
Mamas Kürbissuppe 119
Mango-Chia-Pudding 231
Kürbis
Kürbis-Brötchen 41
Kürbis-Hummus 75
Kürbis-Linsen-Curry 130
Mamas Kürbissuppe 119

Kürbiskerne
Granola 14
Green Goddess Bowl 63
Mamas Kürbissuppe 119

Lauch
Kartoffel-Hack-Auflauf 155
Käse-Lauch-Suppe 116
Linsen
Goldene Linsensuppe 123
Kürbis-Linsen-Curry 130
Linsenburger 147
Linsensalat 56
Omas Bauerntopf 166
Rote Linsen-Bratlinge 108

Mais
Chili Cheese Fries 120
Frühstücks-Burritos 38
Klassischer Nudelsalat 59
Mediterraner Nudelsalat 60
Nacho-Käse-Dip (Queso-Sauce) 80
Mandarine
Hirse-Porridge 25
Mandeln
Carrot Cake Bliss Balls 214
Granola 14
Himbeer-Cheesecake-Torte 183
Himbeer-Tartelettes 223
Hirse-Porridge 25
Karamell-Keks-Riegel 239
Pflaumenkuchen 180
Mango
Linsensalat 56
Mango-Chia-Pudding 231
Mangold
Green Goddess Bowl 63
Tandoori-Blumenkohl-Bowl 145
Maracuja
Kokoskuchen 194
Mango-Chia-Pudding 231
Mascarpone, veganer
Tiramisu 240
Milch, vegane
American Pancakes 34
Apfelbrot 45
Arancini (frittierte Reisbällchen) 100
Bananen-Muffins 26
Berliner 221
Blaubeerkuchen 201
Blaubeer-Streusel-Muffins 190
Cremige Knoblauch-Pasta 137
Cremiger Haferbrei 22
Himbeer-Rhabarber-Streuselkuchen 198
Hirse-Porridge 25
Joghurt-Beeren-Muffins 193
Kaiserschmarrn 18
Mayo selber machen 84
Mini-Bananen-Pancakes 29
Mini-Gemüse-Frittata-Muffins 49
Nuss-Sahne-Torte 205
Obstkuchen mit Pudding 189
Ofen-Pfannkuchen 30
Overnight Oats 21
Pizzaschnecken 95
Schlemmerfilet mit Kartoffelpüree und Rahmspinat 159
Schoko-Pudding-Kuchen 236
Stracciatella-Kirsch-Kuchen 179
Türkisches Fladenbrot – Ramazan Pidesi 68
Versunkener Apfelkuchen 176
Zitronencreme-Dessert 227
Mozzarella, veganer
Blumenkohl-Pizza 152

Nori-Blätter
Fisch-Frikadellen 156
Schlemmerfilet mit Kartoffelpüree und Rahmspinat 159
Nudeln
Cremige Knoblauch-Pasta 137
Klassischer Nudelsalat 59
Mediterraner Nudelsalat 60
Nudelspieße 92
Pasta mit Süßkartoffel-Sauce 138
Tahini-Pasta mit Kichererbsen 142

Oliven
Blumenkohl-Pizza 152
Mediterraner Nudelsalat 60
Nudelspieße 92
Risotto 165

Pak Choi
Knuspriger Tofu Asia-Style auf Reis 134
Paprika
Klassischer Nudelsalat 59
Linsensalat 56
Mini-Gemüse-Frittata-Muffins 49
Nudelspieße 92
Omas Bauerntopf 166
Paprika-Cashew-Dip 71
Tempeh-Reisnudel-Bowl 151
Parmesan, veganer
Arancini (frittierte Reisbällchen) 100
Cremige Knoblauch-Pasta 137
Kartoffel-Hack-Auflauf 155
Nudelspieße 92
Pasta mit Süßkartoffel-Sauce 138
Risotto 165
Tomaten-Pesto mit Spaghetti 141
Zwiebelkuchen 169
Peperoni
Chili Cheese Fries 120
Pflaumen
Omas Streusel-Pflaumen 232
Pilze
Arancini (frittierte Reisbällchen) 100
Blumenkohl-Pizza 152
Gebratene Champignons 104
Kartoffel-Hack-Auflauf
Knusprige Reispapier-Dumplings 161
Nudelspieße 92
Pinienkerne
Green Goddess Bowl 63
Kartoffel-Hack-Auflauf 155
Mediterraner Nudelsalat 60
Risotto 165
Tomaten-Pesto mit Spaghetti 141
Pistazien
Green Goddess Bowl 63

Quark, veganer
Apfel-Schoko-Kuchen 185
Brokkoli-Käse-Nuggets 111
Brombeer-Mousse 235
Himbeer-Cheesecake-Torte 183
Himbeer-Rhabarber-Streuselkuchen 198

Kiwi-Cheesecake-Torte 207
Kräuter-Dip 72

Quinoa
Cremiger Haferbrei 22
Quinoa-Bratlinge 112

Radieschen
Green Goddess Bowl 63
Tandoori-Blumenkohl-Bowl 145
Tempeh-Reisnudel-Bowl 151

Reibekäse, veganer
Blumenkohl-Pizza 152
Brokkoli-Käse-Nuggets 111
Kartoffel-Hack-Auflauf 155
Nudelspieße 92
Pizzaschnecken 95

Reis
Chana Masala 124
Erdnuss-Curry 133
Goldene Linsensuppe 123
Knuspriger Tofu Asia-Style auf Reis 134
Kürbis-Linsen-Curry 130
Risotto 165
Tandoori-Blumenkohl-Bowl 145
Tomatenreis 103

Reisnudeln
Tempeh-Reisnudel-Bowl 151

Rhabarber
Himbeer-Rhabarber-Streuselkuchen 198

Rosinen
Apfelstrudel 243

Rucola
Green Goddess Bowl 63
Linsensalat 56
Mediterraner Nudelsalat 60
Tandoori-Blumenkohl-Bowl 145

Sahne, vegane
Apfel-Schoko-Kuchen 185
Kartoffel-Hack-Auflauf 155
Käse-Lauch-Suppe 116
Kürbis-Brötchen 41
Pizzaschnecken 95
Risotto 165
Schlemmerfilet mit Kartoffelpüree und Rahmspinat 159
Türkisches Fladenbrot – Ramazan Pidesi 68
Zwiebelkuchen 169

Salatgurke
Green Goddess Bowl 63
Grünkern-Bratlinge 107
Linsenburger 147
Linsensalat 56
Mediterraner Nudelsalat 60
Minz-Joghurt-Sauce 87
Tandoori-Blumenkohl-Bowl 145
Tempeh-Reisnudel-Bowl 151

Schlagcreme, vegane
Blaubeerkuchen 201
Brombeer-Mousse 235
Himbeer-Cheesecake-Torte 183
Kiwi-Cheesecake-Torte 207
Kokoskuchen 194
Nuss-Sahne-Torte 205
Tiramisu 240

Schokolade, vegane
Brookies 218
Cremiger Haferbrei 22
Karamell-Keks-Riegel 239
Kuchenpralinen 217
Peanut-Schoko-Eisriegel 228
Schoko-Bananen-Müsliriegel 33
Schoko-Pudding-Kuchen 236
Stracciatella-Kirsch-Kuchen 179

Sonnenblumenkerne
Bohnenbällchen – Bean Balls 115
Granola 14
Green Goddess Bowl 63

Spinat
Green Goddess Bowl 63
Green Goddess Dressing 64
Kichererbsen-Pfannkuchen 50
Pizzaschnecken 95
Schlemmerfilet mit Kartoffelpüree und Rahmspinat 159
Tandoori-Blumenkohl-Bowl 145
Tempeh-Reisnudel-Bowl 151

Süßkartoffel
Pasta mit Süßkartoffel-Sauce 138

Tempeh
Tempeh-Reisnudel-Bowl 151

Tofu
Knuspriger Tofu Asia-Style auf Reis 134
Rührtofu 37
Schlemmerfilet mit Kartoffelpüree und Rahmspinat 159
Zwiebelkuchen 169

Tomate
Blumenkohl-Pizza 152
Chana Masala 124
Chili Cheese Fries 120
Kürbis-Linsen-Curry 130
Linsenburger 147
Linsensalat 56
Mediterraner Nudelsalat 60
Mini-Gemüse-Frittata-Muffins 49
Nacho-Käse-Dip (Queso-Sauce) 80
Nudelspieße 92
Pico de Gallo (mexikanische Salsa) 79
Risotto 165
Tomaten-Pesto mit Spaghetti 141
Tomatenreis 103

Walnüsse
Carrot Cake Bliss Balls 214
Granola 14
Green Goddess Bowl 63

Weißkohl
Krautsalat – wie beim Griechen 67

Zucchini
Erdnuss-Curry 133
Mini-Gemüse-Frittata-Muffins 49
Risotto 165
Zucchini-Brot 46

Zwetschgen
Zwetschgenkuchen 180

Bianca Zapatka

Rezeptentwicklerin, Fotografin, Food-Bloggerin, Kochbuch-Bestsellerautorin und Foodstyling-Profi. Auf Instagram begeistert sie über 740.000 Menschen mit ihren veganen Gerichten.

2013 begann Bianca, ihre eigenen Rezepte auf Social-Media-Plattformen zu teilen. Etwas später hat sie ihren Food-Blog www.biancazapatka.com gegründet. Ihr Ziel: Menschen zu einer gesünderen Ernährungsweise zu inspirieren, sodass sie mehr frische Lebensmittel und selbst gemachte Speisen ohne Zusatzstoffe und ohne tierische Produkte in ihre Ernährung integrieren. Ihre Gerichte zeichnen sich dadurch aus, dass sie unfassbar lecker schmecken, toll aussehen und auch Nicht-Veganer:innen überzeugen!

biancazapatka.com/de

facebook.com/biancazapatka.blog

instagram.com/biancazapatka

pinterest.de/biancazapatka

youtube.com: Bianca Zapatka - Vegane Rezepte